HELENE LANGE

„Die Zukunft ist uns noch alles schuldig"

Veranstaltung zur Würdigung der
Oldenburger Ehrenbürgerin

12. 4. - 13. 4. 1991
Stadtmuseum Oldenburg

Eine Dokumentation

HOLZBERG VERLAG - OLDENBURG

Herausgegeben von der Stadt Oldenburg, Kulturdezernat,
in Zusammenarbeit mit dem Frauenbüro

Fotos: Stadtmuseum Oldenburg

Die Deutsche Bibliothek - CIP-Einheitsaufnahme

Helene Lange : „Die Zukunft ist uns noch alles schuldig" ;
Veranstaltung zur Würdigung der Oldenburger Ehrenbürgerin,
12. 4. - 13. 4. 1991, Stadtmuseum Oldenburg ; eine Dokumentation /
[hrsg. von der Stadt Oldenburg, Kulturdezernat, in
Zusammenarbeit mit dem Frauenbüro]. - Oldenburg : Holzberg,
1992
    ISBN 3-87358-378-X
NE: Oldenburger Stadtmuseum

Inhalt

Dr. Ekkehard Seeber
Kulturdezernent der Stadt Oldenburg

Meine sehr verehrten Damen und Herren,
ich freue mich, daß ich Sie heute nachmittag hier im Stadtmuseum
zur Eröffnung einer kleinen Ausstellung, die Leben und Werk einer
bedeutenden Frau, nämlich der Oldenburger Ehrenbürgerin Helene
Lange, zum Gegenstand hat, begrüßen kann. Veranstaltungen zur
Würdigung einer Ehrenbürgerin finden meist aus Anlaß eines Jubiläums statt. Dieses ist bei der jetzigen Ehrung Helene Langes nicht
der Fall, und das zeigt, daß leider Jubiläumsdaten vorbeigegangen
sind, ohne daß die Stadt Oldenburg ihre einzige Ehrenbürgerin entsprechend gewürdigt hat. Dieser Sachverhalt steht im Gegensatz zu
dem Bekenntnis des damaligen Oberbürgermeisters Dr. Görlitz, der
in einer Ansprache anläßlich ihres Todes im Mai 1930 sagte: „Noch
in Jahrhunderten wird das Helene-Lange-Lyzeum von dem Segen,
der von dieser großen Frau ausgegangen ist, kommenden Geschlechtern berichten. Gegenüber der Frau der Tat gebührt sich aber für die
Heimat Treue durch die Tat. Stets soll und wird deshalb die Stadt
Oldenburg Helene Lange Treue durch Streben und Wirken in ihrem
Geiste halten." Dem war leider nicht so.
Im Alltagsbild der Stadt erinnert heute wenig an Helene Lange. Ihr
Geburtshaus stand in der Achternstraße 2 und trug eine an sie erin-
nernde Gedenktafel. Ihr Geburtshaus ist einem Kaufhaus gewichen.
Die ehemalige Helene-Lange-Schule existiert seit 1932/33 nicht
mehr. Sie wurde von der damaligen nationalsozialistischen Regie-
rung mit der Cäcilienschule vereinigt. Nach 1945 wurde keine Schule
in der Stadt wieder nach Helene Lange benannt. In dem früheren
Gebäude der Helene-Lange-Schule probt heute das Oldenburgische
Staatstheater. Vorhanden ist ihre Eintragung in das Goldene Buch
der Stadt aus dem Jahre 1922, und einige Gegenstände aus ihrem per-
sönlichen Besitz befinden sich im Stadtmuseum, ebenso wie die auch
in dieser Ausstellung gezeigte Büste von Helene Lange, die vor 15

Jahren versteckt unter vielen Zeitschriften und Zeugnissen auf dem früheren Schulboden wiedergefunden wurde. Schließlich gibt es noch eine Helene-Lange-Straße in Eversten.

Helene Lange soll geehrt werden, nicht indem eine Gedenktafel oder ein Denkmal aufgestellt wird, sondern indem ihre Ideen und ihr Kampf um die Mädchenbildung in heutige Diskussionszusammenhänge gestellt werden. In der kleinen Vortragsreihe, die hier gleichzeitig eröffnet wird, soll gefragt werden, welchen Stellenwert die feste Überzeugung Helene Langes hat, daß die Bildung das A und O der Frauenbewegung sei, daß die Frauenfrage gleichsam eine Bildungsfrage sei.

Einige persönliche und politische Lebensstationen von Helene Lange möchte ich unter dem Aspekt der Frauenbildung kurz benennen.

Helene Lange wurde am 9. 4. 1848 als Tochter einer Oldenburger Kaufmannsfamilie geboren. Über ihre eigene Oldenburger Schulzeit in der Elementarschule „Tante Wöbken" und der Krusischen Mädchenschule, der späteren höheren Töchterschule, schreibt sie: „Man lernte nicht übermäßig, der Verstand wurde soweit geschont, daß man ihn nachher noch hatte." - Ob das heutige Schulsystem dieses auch noch leistet oder den Verstand und die Emotionen verbildet? -

Mit 16 Jahren verbringt Helene Lange das übliche Pensionsjahr einer höheren Tochter in einem Pfarrhaushalt in Eningen bei Reutlingen. Hier nimmt sie zum ersten Mal bewußt die Bildungsunterschiede zwischen Mann und Frau wahr. Diese Unterschiede sind deklassierend. In ihr wächst der Wunsch, sich zu bilden, um ebenso an intellektuellen Auseinandersetzungen teilhaben zu können wie Männer. Die einzige Möglichkeit, dieses zu erreichen war die Ausbildung zur Lehrerin. Noch nicht volljährig, wird ihr der Wunsch zunächst verwehrt. Sie soll in Oldenburg, wie einer höheren Tochter angemessen, im großväterlichen Haushalt auf den geeigneten Ehemann warten. Das Oldenburger Kleinstadtleben im Winter 1865/66 wird später von ihr als „geistiges Ödland" bezeichnet. Wie anders hat sie ihre Heimatstadt empfunden, als sie sich 1922 ins Goldene Buch der Stadt eintrug mit der Bemerkung: „Wer fest in seiner Heimaterde wurzelt, dem gibt sie Kräfte für das ganze Leben."

1871 geht sie mit einer kleinen Erbschaft nach Berlin, um dort das Lehrerinnenexamen abzulegen, und unterrichtet bis 1891 an einer höheren Mädchenschule. Hier entwickelt sich ihre wichtigste Lebensaufgabe: die Verbesserung der Mädchenbildung.

Aufsehen erregt die von ihr 1887/88 mitverfaßte „Gelbe Broschüre" als Begleitschrift zu einer Petition an das preußische Kultusministerium. Voll Spott und beißender Ironie greift sie die Bildungsziele der höheren Töchterschulen an, deren Frauenbildung lediglich darauf ausgerichtet sei, „daß der deutsche Mann nicht durch geistige Kurzsichtigkeit und Engherzigkeit seiner Frau am häuslichen Herde" gelangweilt werde. Diese Formulierung erscheint heute etwas spitz. Wenn man sich aber ernstgemeinte literarische Äußerungen aus dieser Zeit vornimmt, so ist man entsetzt über den maskulinen Dünkel und die grenzenlose männliche Überheblichkeit, die zum Beispiel aus den Titeln „Sind Weiber Menschen" von Max Funke oder „Über den physiologischen Schwachsinn des Weibes" von Dr. P. J. Möbius sprechen. Zum Glück hat es auch das wichtige Buch „Die Frau und der Sozialismus" von August Bebel gegeben, das die Frauenfrage 1883 in einen sehr klaren politischen Zusammenhang stellt, der heute immer noch nicht gelöst ist. Die beiden erstgenannten Bücher sind mir übrigens bei der Durchsicht der Bibliothek im hiesigen Stadtmuseum, in dem wir uns heute befinden, vor wenigen Jahren selbst in die Hände gefallen. Sie waren nicht nur Kuriosa, sondern hatten auch unter Bildungsbürgern große Verbreitung.

1889 gründet Helene Lange die ersten Realkurse für Frauen mit Latein, Mathematik, Naturwissenschaft und Volkswirtschaft und ruft ein Jahr später (1890) den allgemeinen deutschen Lehrerinnen-Verband ins Leben. Die Oldenburgerin Henny Böger gründet übrigens ein Jahr später den Verein Oldenburger Lehrerinnen, der sich als Zweigverein verstand und zu dem Helene Lange zeitlebens Kontakt hielt.

Durch den Lehrerinnen-Verein sollte auch die Fort- und Weiterbildung der Lehrerinnen in die eigenen Hände genommen werden. Über die weibliche Konkurrenz waren die deutschen Oberlehrer, selbstverständlich in einem Verein organisiert, nicht begeistert, besonders nicht über die von Helene Lange vorgetragene Argumentation, daß für die Entfaltung der weiblichen Eigenart der Schülerinnen Frauen in besonderer Weise geeignet seien. Konsequent forderte der Lehrerinnen-Verein einen höheren Frauenanteil im Kollegium der Mädchenschulen und auch eine weibliche Schulleitung. Wie anders ist das Bild heute in vielen Lehrerkollegien der öffentlichen und privaten Schulen. In manchen Schulen gibt es nur noch zwei Männer, nämlich den Schulleiter und den Hausmeister, alle anderen sind heute vielfach Frauen. Nicht nur die private, sondern auch die öffentliche Erziehung der Kinder und Jugendlichen ist ohne Frauen heute überhaupt nicht mehr vorstellbar.

1893 wurden die Realkurse in Gymnasialkurse umgewandelt, und 1896 erhielten alle Absolventinnen des ersten Kurses die Hochschulreife zugesprochen, zum Studium wurden Abiturientinnen aber in Preußen erst 1908 zugelassen. Es zeigt sich an dieser Tatsache, daß die Bildungsfrage auch eine erstrangige politische Frage ist.

Als wichtige Person der bürgerlichen deutschen Frauenbewegung engagiert und organisiert sich Helene Lange in den folgenden Jahren in den großen Frauenverbänden und Vereinen, später auch in der Deutschen Demokratischen Partei. Durch die Herausgabe der Zeitschrift „Die Frau" und des umfangreichen Handbuches der deutschen Frauenbewegung (zusammen mit Gertrud Bäumer), mit Vorträgen und Veröffentlichungen streitet Helene Lange auch um die politische Gleichberechtigung aller Frauen. Die Frauenbildungsfrage bleibt nach ihren Worten bis zu ihrem Lebensende ihr „Spezialgebiet", und diesem Spezialgebiet widmen sich auch die Vorträge zu ihrer Ehrung, die Sie heute und morgen hier hören können.

Diese Ausstellung und die Vortragsreihe stehen unter dem Motto, das Helene Lange selbst gegeben hat: „Die Zukunft ist uns noch alles schuldig." Ich möchte dieses Motto umdrehen: „Wir sind der Zukunft noch alles schuldig." Wir sind der Zukunft noch die volle formale und realgesellschaftliche Gleichwertigkeit der Frauen im Verhältnis zu den Männern schuldig, obwohl wir seit der amerikanischen Unabhängigkeitserklärung vor mehr als 200 Jahren es besser wissen sollten. In der Unabhängigkeitserklärungheißt es: „Wir halten diese Wahrheiten für selbstoffenbar, daß alle Menschen gleichwertig geschaffen wurden und von ihrem Schöpfer mit unveräußerlichen Rechten ausgestattet wurden, unter ihnen Leben, Freiheit und das Streben nach Glück." Ein männliches Bekenntnis, immer noch nicht umgesetzt in unseren Alltag. Helene Lange macht deutlich, wie politisch die von ihr formulierte Frauenbildungsfrage auch heute noch ist. 1887/88 ist die „Gelbe Broschüre" von Helene Lange veröffentlicht worden, 1883 „Die Frau und der Sozialismus" von August Bebel. Die bürgerliche und die sozialistische Frauenbewegung haben leider zu wenig Kontakt miteinander gehabt in Deutschland. Nicht auszudenken wäre die politisch-gesellschaftliche Konsequenz, wenn beide Frauenbewegungen vereint, wenn politisch gesehen Helene Lange und August Bebel verheiratet wären. Nicht eine abstrakte Zukunft ist uns noch alles schuldig. Wir konkret Handelnden müssen wissen, was wir schuldig sind im Machtspiel zwischen Männern und Frauen. Es geht nicht allein um bessere oder gleich gute Ausbildung der Mädchen wie der Jungen. Es geht um die Konkretisierung der Erkenntnis, daß alle Menschen gleichwertig sind, nicht in feindlicher Konkurrenz der Geschlechter, sondern in gegenseitiger Anerkennung und Respektierung aller Eigenarten.

Ich danke den Organisatorinnen dieser Ausstellung und der Vortragsreihe für ihre Mühe, die sie bei diesen Arbeiten gehabt haben, und ich danke den Referentinnen dafür, daß sie die Fragestellungen Helene Langes in heutige Diskussionszusammenhänge stellen werden.

Ina Grieb
Leiterin des Zentrums für wissenschaftliche Weiterbildung an der Universität Oldenburg

Helene Langes wichtigstes Ziel war die Verbesserung der Mädchenbildung.

Wie hat sich diese im 19. Jahrhundert aufgestellte Maxime für Mädchen und für Frauen ausgewirkt? Wie würden wir, die wir heute Institutionen wie Schule und Universität vertreten, ihr Wirken in den 90er Jahren des 20. Jahrhunderts einschätzen oder anders gefragt: Was würde Helene Lange zu der heutigen weiblichen Bildungssituation in Oldenburg sagen?

Zur Mädchenbildung werden wir im Verlauf des Symposiums Ausführlicheres hören, so daß ich mich als Mitveranstalterin und Vertreterin der Universität darauf beschränken werde, einige Probleme zu skizzieren, die zeigen, wie wichtig und aktuell das Thema Bildung von Mädchen und Frauen auch heute noch ist und damit gleichzeitig betonen möchte, daß wir bei der Verbesserung der Bildung und damit der Lebensbedingung von Frauen alle gemeinsam handeln müssen.

Im Wintersemester 1989/90, und damit 120 Jahre nach Zulassung der ersten Studentinnen an einzelnen deutschen Hochschulen (Leipzig und Heidelberg hatten 1871 Hörerinnen zugelassen), hatten wir in Oldenburg insgesamt 9672 Studierende, darunter 4718 Studentinnen, das sind 49 %. Bundesweit liegt der Anteil der Studentinnen bei 40,7 % (1987).

Bei den StudienanfängerInnen an der Universität Oldenburg haben Frauen die 50 %-Marke bereits überschritten, wobei das Fächerangebot der Universität zu berücksichtigen ist. Hinzufügen möchte ich noch die Gruppe von StudentInnen, die nachträglich die Hochschulzugangsberechtigung erwerben (Z-Prüfung). So gab es im WS 1990/

12

91 181 BewerberInnen, wovon 133 Frauen waren. Zugelassen werden können zur Z-Prüfung sowohl berufstätige Frauen als auch Familienfrauen, für die hier häufig die einzige Chance besteht, einen Bildungsweg zu korrigieren.

Statistisch gesehen muß man dies zweifellos als Erfolg für die weibliche Bildung ansehen. Ein leichter Wermutstropfen bleibt jedoch: obwohl der Anteil der Studentinnen und Studienanfängerinnen in den letzten Jahren an den Universitäten ständig steigt, liegt der Anteil von Frauen an den PromotionsstudentInnen bundesweit bei ca. 27 %, in Oldenburg 1989 sogar nur bei 15 %. Habilitierte Frauen sind noch seltener: Ihr Anteil liegt bundesweit bei nicht einmal 8 %. Diese Entwicklung setzt sich fort beim wissenschaftlichen Personal der Universität: So beträgt der Anteil der Professorinnen in Oldenburg 5,5 % (bundesweit 5 %), 19,3 % aller wissenschaftlichen Mitarbeiter sind Frauen, und nur bei Drittmittelstellen, d.h. zeitlich begrenzten und damit ungesicherten Stellen, ist der Anteil von Wissenschaftlerinnen mit 37 % höher.

Helene Langes Forderung nach weiblichem Personal für Schülerinnen wird für Hochschulen gleichermaßen aktuell für Studentinnen, die zudem in einzelnen Fächern noch erheblich höhere prozentuale Anteile als ihre männlichen Kommilitonen ausmachen, ohne daß auch nur eine einzige Professorin lehrt.

Ich will hier nicht analysieren, warum diese Situation so ist, sondern möchte mich darauf beschränken, die Fakten an unserer Universität zu beschreiben. Konsequenz dieser offensichtlichen Fehlentwicklung bei der Besetzung von Stellen im Wissenschaftsbereich war es, daß während der Amtszeit der ersten weiblichen Vizepräsidentin der Universität, Frau Prof. Dr. Ilse Dröge-Modelmog, vom Senat im Dezember 1986 „Richtlinien zur Erhöhung des Anteils von Frauen im Wissenschaftsbereich" beschlossen wurden.

Der Unterrepräsentanz von Frauen im Wissenschaftsbereich sollte von da ab durch eine Reihe von Auflagen bei der Einstellung von Personal entgegengewirkt werden.

Hier einige Beispiele dieser Auflage:

- In Stellenausschreibungen wird der Zusatz erscheinen: „Die Universität Oldenburg strebt an, den Anteil der Frauen im Wissen-

schaftsbereich zu erhöhen. Bewerberinnen werden daher bei gleicher Qualifikation bevorzugt."
- In jede Berufungskommission sollen mindestens zwei stimmberechtigte Frauen aufgenommen werden, darunter möglichst eine Professorin,
- Gründe für die Nichtberücksichtigung von Bewerberinnen sind gesondert aufzuführen,
- Bei der Einstellung von wissenschaftlichen Mitarbeiterinnen u.a. sollen Frauen mindestens zur Hälfte berücksichtigt werden, ebenso bei der Vergabe von Stipendien (1986: 39 % Promotions-Stipendien für Studentinnen, 89/90 bereits 71 %),
- Jeder Fachbereich stellt eine Wissenschaftlerin als Frauenbeauftragte, die wiederum mit den Frauenbeauftragten der Universitäten kooperiert.
Im Mai 1987 wurde an der Universität Oldenburg eine Gleichstellungsstelle für Frauen eingerichtet. Für die Arbeit in dieser Gleichungsstelle wurden drei Frauenbeauftragte von der Frauenvollversammlung der Universität gewählt,
- eine für die Gruppe der Wissenschaftlerinnen
- eine für die Mitarbeiterinnen im technischen und Verwaltungsdienst und
- eine für die Studentinnen.
Zur Zeit (im April 1991) sind wir 5 Jahre nach Verabschiedung der Richtlinien in dem Prozeß der Etablierung von festen Stellen für die Gleichstellungsstelle.
In der Universität ist das Zentrum für wissenschaftliche Weiterbildung (ZWW), eine der Mitveranstalterinnen dieser Tagung, zuständig für den Bereich der wissenschaftlichen Weiterbildung. Ich möchte deshalb nicht versäumen, hierzu noch einige Bemerkungen zu machen.
Die Hochschule bietet für Frauen gleichermaßen wie für Männer Weiterbildung an, indem jede(r) Interessierte sich als GasthörerIn eintragen kann. Wir planen, organisieren und führen Weiterbildungsveranstaltungen in Kooperation mit Erwachsenenbildungseinrichtungen (wie VHS, Gewerkschaften, kirchliche und ländliche Erwachsenenbildung) durch, die in sehr begrenztem Maße auch spezi-

fisch für Frauen ausgeschrieben werden. Beispiele sind EDV für Frauen, Rhetorik oder Themen „Frauen in der Literatur".

Wir haben uns auch an Angeboten für Frauen beteiligt, die den Wiedereinstieg in den Beruf oder neue Orientierungen nach Kinderbetreuungsphasen suchen. Wir diskutieren - bisher leider noch ohne konkrete Ergebnisse - inwieweit wir als Universität uns beteiligen können an beruflicher Qualifizierung von Frauen - z.B. durch Weiterbildungsangebote auch für langjährig nicht berufstätig gewesene Akademikerinnen in unserer Region, deren Arbeitsmarktschancen zusätzlich häufiger durch geringe Mobilität doppelt eingeschränkt sind. Diese Diskussionen würden wir gerne auch verstärkt mit betroffenen Frauen führen.

In diesem Rahmen wäre es auch richtig zu diskutieren, ob Hochschule Bildung an sich (was auch ein Wert ist!) anbieten kann, ohne auf die Verwertbarkeit zu schielen? Genügt das? Oder liegt heute in den 90er Jahren des 20. Jahrhunderts das Interesse letztlich primär in einer beruflichen Verwertung?

Anschließend erlaube ich mir noch eine sehr persönliche Bemerkung.

Ich selbst bin Oldenburgerin und war - vorwiegend in den 50er Jahren - Schülerin der damaligen Cäcilienschule, die eine reine Mädchenschule war. Vor einiger Zeit hatten wir unser 25jähriges Abiturfest. Da saßen wir zusammen: Eine Runde gestandener Frauen (übrigens alle mit abgeschlossener Ausbildung) und tauschten Erinnerungen der Schulzeit aus, so auch über Lehrerinnen, die uns damals wenig attraktiv, so wenig vorbildhaft erschienen waren, so wenig unserem modischen Geschmack entsprechend. Und heute? Voller Anerkennung und Respekt gedachten wir ihrer, die sich so für uns eingesetzt hatten, die selbst unter so viel schwereren Bedingungen als heute Fächer wie Mathematik oder Naturwissenschaften studiert - sich ganz ihrem Beruf, uns Wissen zu vermitteln, gewidmet hatten. Lehrerinnen wie Frau Dr. Reichardt, Frau Dr. Sartorius, Frau Jenke oder die Oberstudienrätin Frau Ziehen - vielleicht kennen einige von Ihnen sie noch - mögen für viele andere stehen. Ich denke, ich spreche auch im Namen meiner ehemaligen Mitschülerinnen, wenn ich sie hier heute erwähne und im nachhinein noch ihre pädagogische

Arbeit als engagierte Lehrerinnen gerade auch für uns Mädchen hier hervorhebe, anerkenne und bewundere. Die Vorbildfunktion dieser engagierten und nicht unbedingt dem Zeitgeist entsprechenden Frauen hat mehr Wirkung auf uns gehabt, als uns bewußt war. Wir sollten nicht vergessen, daß wir Frauen hier, die wir in den verschiedensten Bereichen tätig sind, auch für die jetzige Mädchengeneration in unterschiedlichster Form Vorbild sind und damit mitverantwortlich für die Frauengeneration von morgen.

Auch in diesem Sinne wünsche ich der Veranstaltung viel Erfolg.

Prof. Dr. Margret Kraul

„Das Leiden an Wißbegier und Wissen"
Helene Lange und ihr Einsatz für die Mädchen- und Frauenbildung

Meine Ausführungen zu Helene Lange, ihrem Leben und ihrem Werk, will ich mit einer kleinen eigenen biographischen Reminiszenz beginnen: Ich war Schülerin einer Helene-Lange-Schule, und in der Aula meiner Schule hing ein großes Bild von Helene Lange, jenes Bild, das sie als ältere Frau zeigt, mit einem Dutt auf dem Kopf. Ernst und weise und in gewisser Weise unnahbar schaut sie da auf uns herunter, und ich empfand Respekt, wohl aber auch eine große Distanz. Sie schien mir so fern unseren Frauenidealen, vielleicht war es etwas zu viel der strengen Moral oder gar etwas Blaustrumpfhaftes, das ich assoziierte? Vermutlich habe ich sie mit dem Zölibat identifiziert, das zu ihrer Zeit selbstverständlich für Lehrerinnen galt, möglicherweise habe ich sie auch - unbewußt - identifiziert mit der Direktorin unserer Schule, die uns Schülerinnen ihre strengen Sittenmaßstäbe so häufig in der Aula unter eben jenem Lange-Bild verkündete. Damals hätte ich mir nicht denken können, mich jemals mit Helene Lange zu beschäftigen, erst recht nicht, sie auch nur annähernd einzubeziehen in die Gruppe möglicher Vorbilder. In dieser Haltung verharrte ich, bis ich mich als Erziehungshistorikerin mit der Geschichte von Frauenbewegung und Mädchenbildung beschäftigte; meine Distanz wich nun einem Bemühen um Verstehen. Dieses Verständnis für die Person Helene Langes mit all ihrem Leiden an Wißbegier und Wissen, für ihre Tätigkeit, aufgrund derer sie mir vielleicht aus meiner Perspektive als Schülerin gerade wegen ihres uneingeschränkten Eintretens für die Bildungsmöglichkeiten von Frauen etwas blaustrumpfhaft vorkam, wie für ihr Werk mit all seinen Widersprüchen, das ich, einer Generation angehörend, der formal alle Bildungswege offenstanden, damals überhaupt nicht würdigen konnte, das will ich in diesem Vortrag versuchen, an Sie weiterzugeben.

Helene Lange wird in eine Zeit geboren, in der Mädchenbildung von den engen Begrenzungen der späteren gesellschaftlichen Sphäre der Frau bestimmt wird. „Bildung darf bei Mädchen niemals in Wissenschaft ausarten, sonst hört sie auf, zarte weibliche Bildung zu sein. Das Mädchen kann und darf sich in nichts Wissenschaftliches mit jener hartnäckigen, männlichen Ausdauer vertiefen, daß sie darüber alles andere vergäße. Nach Männer Weise in der Wissenschaft gründlich zu sein, danach könnte nur ein ganz unweibliches Mädchen streben, und nur vergebens streben, da ihr Kraft und Talent des Mannes mangelt" (Raumer 1852, 204). Das Ideal der Mädchenbildung verkörpert die Prinzessin in Goethes Tasso: „Ich freue mich, wenn kluge Männer sprechen, daß ich verstehen kann, wie sie es meinen [...]" (ebd., 205). Bescheidenheit, Sittsamkeit, Verständnis, „Liebesdienste" und „geduldige Tätigkeit" in der Familie (ebd., 203 ff.), das sind die erwünschten Fähigkeiten; sie rangieren eindeutig vor Schulunterricht und Wissensvermittlung. Wissen und Wißbegier werden in der Lebensgeschichte junger Frauen zu etwas Verbotenem gemacht; aber das Leiden an jenen Verboten findet seinen Niederschlag: in Sehnsüchten und Träumen, in Resignation und Krankheit, in Aufbruch und Ausbruch wird es dokumentiert. Dies gilt auch für Helene Lange, die jedoch nicht nur in Resignation und Krankheit verfällt, sondern es als ihre Lebensaufgabe ansieht, sich tatkräftig für Konsequenzen und Veränderungen der damaligen Bildungssituation einzusetzen. Ihre Lebensgeschichte ist Zeugnis sowohl ihrer Wißbegier wie der Lernchancen, die ihre Umgebung ihr zuerkennt, zugleich aber ist sie Ort der Widersprüche zwischen Wißbegier und Wissen einerseits und gesellschaftlichen Erwartungen andererseits. Ihr Werk hingegen steht für den Versuch, allen gesellschaftlichen Widersprüchen zum Trotz die Wißbegier von Frauen in einem neuen Rahmen von Wissensvermittlung zu institutionalisieren.

„Warum bin ich nicht mein Bruder und mein Bruder nicht ich?" Diese Frage könnte man fast als Motto über Helene Langes Leben stellen; es ist „eines der ersten philosophischen Probleme", in die ihr

„Kinderkopf sich hineinbohrt(e)". Aber bald scheint dieses Problem, zumindest dem betont fröhlichen und erinnerungsverklärenden Ton ihrer Lebensgeschichte zufolge, erst einmal weitgehend gegenstandslos geworden zu sein. Helene Lange, „„Koopmanns Dochter'" aus Oldenburg, wird 1848 geboren und wächst auf „in dem Haus, Hof, Stall und Garten (...) umschließenden Grundstück, Achternstraße 2 in Oldenburg an der Hunte" (Lange 1927, 11). Der Vater, zuverlässig und solide, pflichttreu, kein Freund von überflüssigen Worten und allgemein geachtet, ist Kaufmann, seine Neigung aber gehört der Musik. Er läßt seinen drei Kindern, zwei Jungen und einem Mädchen - Helene ist die mittlere - freien Lauf.
Anders wohl die Mutter, eine Johanne tom Dieck, deren Portrait in der Schilderung der Tochter merkwürdig blaß bleibt; das Wenige, das man erfährt, deutet die Unterschiedlichkeit der Eltern an. Sie sollen aus Neigung geheiratet haben; die Mutter, voll der Ängste um ihre Familie, „eine feine, nervös veranlagte Natur" - so die recht ambivalente Charakteristik der Tochter - ist offensichtlich mit den „drei dem Vater nachartende[n] Hünenkinder[n]" (ebd., 23) überfordert. Von Zeit zu Zeit versucht sie mit modischen Erziehungsrezepten, die Erziehung ihrer Kinder zu beeinflussen: Der Mode der Essensrationierung kann sich Helene erfolgreich widersetzen, indem sie an die Hundenäpfe geht, den Kaltwasserkuren setzt sie lautstarkes Geschrei entgegen; nur dem Versuch einer geschlechtsspezifischen Erziehung kann sie offensichtlich nicht entkommen: „Und so wurden mir denn eines Tages zwei hübsche, mir sehr in die Augen stechende Taschentücher in die Hand gegeben [...]. Sie waren für die Brüder bestimmt, und die Schwester - ich kann höchstens sechs Jahre gewesen sein - sollte sie säumen. Ob man sich wohl eine richtige Vorstellung davon macht, was es heißt, wenn so ein kleines Mädchen vor einem zugemessenen Stück Saum sitzt, das es mit immer schwärzer werdendem Faden allmählich zu schließen sucht, und dabei draußen die Sonne scheinen sieht und die Jungen toben hört? Es war ein so dumpfes erstes Gefühl von 'der Frauen Zustand ist beklagenswert', das einen erfüllte." Handarbeiten als Zeichen weiblicher Sorgfalt, stetigen Fleißes und immerwährender Pflege für die Lieben und das Haus: „Daß Helene sich ja in Acht nimmt, wenn sie strickt, sie

könnte Theodor [den jüngeren Bruder] stechen", schreibt die Mutter anläßlich einer Abwesenheit (ebd., 24). Allein, diese Dressur dauert nicht an; die Mutter stirbt, als die Tochter sieben Jahre alt ist, von dieser, wie man liest, schmerzlich vermißt.

Rückblickend idealisiert Helene Lange diese Kindheit in pädagogischem Wildwuchs. Indianerspiele mit Jungen nehmen einen ebenso großen Raum ein wie Puppenspiele mit Mädchen: Sie erinnert sich an den Briefwechsel, den ihre Puppen mit denen von Elisabeth Goldschmidt führen - offensichtlich eine Art befriedigender Rückzug in die Mädchensphäre, wie an wilde Abenteuer und gute Kameradschaft zu Jungen. Eislaufen, Märkte und Schützenfeste, Reisen mit dem Vater, der ihr großes Vorbild ist, Lesen, Schreiben eigener Dramen, die zu ihrer Enttäuschung aber vom Vater belacht werden, und Theateraufführungen. Eine Kindheit mit Freiräumen, Phantasie und Entfaltungsmöglichkeiten, mit Torfhaufen, die als Burg von Troja dienen, einem Garten mit eigenen Beeten, und noch schöner als der eigene: jenseits der Graft „Egloffsteins Garten", der zwar einem alten General gehört, jedoch es Helene wegen des romantischen Namens angetan hat - trotz ihrer „entschieden demokratischen Weltanschauung" (ebd., 16). Die Pädagogin Helene Lange scheint retrospektiv ihre Freude an diesem so entgegen jeglicher Dressur sich gestaltenden Aufwachsen zu haben. Vom Leiden an geschlechtsspezifischer Rollenzuweisung und Bildungsbeschränkung ist vorerst - vielleicht durch den frühen Tod der Mutter - wenig zu vernehmen, allerdings auch nicht von Gefühlen wie Zärtlichkeit und Zuneigung: „Gefühlsäußerungen gehör[t]en" nicht zu den Langeschen „Familiengewohnheiten" (ebd., 57).

Auch die Schulzeit verläuft fröhlich, ohne Überbürdung und mit vielen dummen Streichen. Zwei Schulen hat Helene besucht, zunächst die von Knaben und Mädchen gleichermaßen besuchte Elementarschule von „Tante Wöbcken", offensichtlich eine Art Vorschule, dann die Krusesche höhere Mädchenschule. Was ihr an emotionalen Erinnerungen bleibt, sind in der Elementarschule die „Bruddel" im Strickzeug, deretwegen sie in die Hände geschlagen wird. Später ist es die Literatur, die sie beeindruckt, von Schillers „Jungfrau von Orléans" wie seiner „Würde der Frauen", bis zu Körner. Dr. Karl

Wöbcken, der spätere Direktor der Cäcilienschule in Oldenburg, vertritt dieses Fach. Er gilt Helene im großen und ganzen als idealer Lehrer; sie rühmt ihn ob seines Einfühlungsvermögens, jedoch - an ihm verdeutlicht sie auch die Grenzen einer Mädchenerziehung durch Männer: „Daß auch dieser weise und gütige Erzieher bedenkliche Mißgriffe da nicht vermeiden konnte, hat mir frühzeitig klar gemacht, daß ein Naturgesetz verletzt wird, wenn man Männern die Erziehung der Mädchen zur Frau in die Hand gibt" (ebd., 47). Anlaß zu dieser weitreichenden Feststellung waren einige Sekundaner, die sich einen Spaß daraus machten, den Schülerinnen über den Weg zu laufen und sie übertrieben zu grüßen, was von den Mädchen nicht ignoriert, sondern mit einer Mischung von Geschmeicheltsein und Spaß aufgenommen und wohl auch herausgefordert wurde. Der Lehrer Wöbcken nimmt diesen Vorfall zum Anlaß für eine mahnende Katechese über das 6. Gebot; sicher eine völlig überzogene Reaktion, aber nicht nur Wöbcken, auch Helene Lange scheint dieser Geschichte in ihrer Autobiographie eine überdimensionale Bedeutung zuzuweisen: Das Verhalten ihres Lehrers kommt ihr als Begründung für ihre spätere professionspolitische Maxime, der zufolge Lehrer*innen* anstelle von Lehrern an Mädchenschulen unterrichten sollten, nur sehr entgegen. Affirmativ erwähnt sie dagegen ihre liebste Lehrerin, Fräulein Panum: „Sie verstand, was in der kleinen Stadt damals kaum jemand verstehen wollte: daß auch die Frau ein volles, nützlich ausgefülltes Leben, *ihr* Leben, zu führen verlangte" (ebd., 49). Jugendübermut, Streiche, aber auch jene „Zweisamkeit der Gefühle und Ideale" (ebd., 52), die nur Mädchenfreundschaften zu eigen sind, prägen diese Jungmädchenzeit. Aus heutiger Sicht betrachtet ist sie nicht weniger eine Idylle als die Kindheit; und man kann sich des Eindrucks nicht erwehren, als habe Helene unter Zuhilfenahme entwicklungspsychologischer Theorien, pädagogischer Erfahrungen und bildungspolitischer Konzepte ihre eigene Kindheit und Jugend nach Maßgabe ihrer Normvorstellungen rekonstruiert. Mit dem Tod des Vaters beginnt jedoch ein neuer Abschnitt in Helene Langes Leben, deutlich auch in ihren Erinnerungen zu bemerken, die jetzt authentischer werden. Helene kommt nach Eningen bei Reutlingen in eine Pfarrersfamilie. Die „geistige Atmosphäre"

fasziniert sie, zugleich aber macht sie eine Erfahrung, die ihr neu ist: Die Unterhaltung beschränkt sich, „soweit es sich um Themen von einigem geistigen Gewicht handelt[e]" (ebd., 72 ff.) auf die Männer. „Ein Kennzeichen für die geistige Trennung der Geschlechter war die äußere, die sich auf den ‚Pfarrkränzchen' sofort nach dem gemeinsam eingenommenen Kaffee vollzog." Während die Frauen „Personalien" austauschen - im Klartext: klatschen - und sich damit geradezu klischeehaft rollenkonform verhalten, fachsimpeln die Männer. „Daß es sich in der Tat um die Bewohner zweier Welten handelte, war mir schon ziemlich früh klar geworden. Als wir zum erstenmal mit dem Onkel nach Tübingen gingen, holte uns der Sohn des Hauses am Bahnhof ab. Er ging mit dem Vater voraus, dicht vor uns Mädchen her. Das Gespräch drehte sich um die Vorlesungen, die er hörte: Ethik, Dogmatik, Philosophie -- [...] Das konnte so ein glückseliger junger Mann alles hören; es wurde ihm noch zur Tugend angerechnet, wenn er es nicht schwänzte! Und davon waren wir als Mädchen ganz selbstverständlich ausgeschlossen, auch wenn innere und äußere Not uns drängten! Ich wußte, ich würde meinen Weg durchs Leben zu machen haben, aber ich würde auf Surrogate angewiesen sein. An den Quellen zu schöpfen, die auch dem Dümmsten, nur durch Einpauken durch die Reifeprüfung geschobenen Manne offen standen, war mir verwehrt. Vielleicht war diese Stunde die Geburtsstunde der ‚Frauenrechtlerin'" (ebd., 74 f.). Erstmals wird ihr die Differenz zwischen den Bildungschancen von Männern und Frauen deutlich bewußt; die Bildung, von der hier die Rede ist, weist andere Dimensionen auf als die ihr so vertraute Beschäftigung mit Literatur und Religion in der höheren Mädchenschule.
Ungeachtet dieser inneren Not bleibt sie jedoch zunächst ihrem Darstellungsprinzip treu, das Jahr in Eningen als erfrischend und heiter darzustellen; die Identitätskrise mit Glaubensfragen und dem Bemühen um Kant und um Religionsgeschichte verblassen hinter Wanderungen in die Umgebung und den Romanen der Wildermuth; ihre „‚Frauenrechtlerei'" und ihre utopischen Gedanken über den Zugang von Frauen zur Universität werden im Pfarrhaus gutmütig belacht; allenfalls versucht die Pfarrerin, ihre „Extravaganzen den Ohren der Männer fernzuhalten" (ebd., 77), obwohl oder vielleicht ge-

rade weil sie „eine hervorragend gescheite und geistig selbständige Frau" ist, „die viel gelesen und sich eine gute autodidaktische Bildung angeeignet hatte", die aber „nie daran gedacht haben" würde, „sich in die Debatten der Männer zu mischen, selbst wenn sie sich um Themen drehten, die sie gut beherrschte und selbst wenn die Urteile der oft noch blutjungen Männer durchaus keine tiefe Weisheit verrieten" (ebd., 74); ein Musterbeispiel für das von ihr so gepriesene „feine Nachfühlen in der Seele anderer" (ebd., 78). Hier werden die Begrenzungen der Frauen in bezug auf Wissenserwerb deutlich; Helene Lange ist das erste Mal davon betroffen. Dennoch stellt sie ihre Erfahrungen heiter und humorvoll dar; nur leichte Nuancen sind es, die auf ihre Empfindlichkeit hinweisen, so ihr Kommentar zu den Geprächen mit Edmund Pfleiderer, damals Vikar im Pfarrhaus, der sich mit ihr „über Weltanschauungsfragen [...] genau so ernst und sachlich" unterhält „wie mit einem Studenten - man war feinfühlig in bezug auf den Ton geworden". Vielleicht ist dieser oberflächlich gesehen leichte Umgang mit ihrer Wissensbeschränkung eine Form der Verdrängung und der Ahnung, daß ein Weg, der anders ist, seine Opfer kostet.

Den folgenden Sommer verbringt Helene wieder in Norddeutschland, diesmal auf dem Hof einer Tante an der Oste; wieder das heitere fröhliche Bild, hier ergänzt von der Tatkraft der Kusine, die für Hof und Ziegelei verantwortlich ist. Aber danach beginnt die Leidens- und Wartenszeit im großväterlichen Haus. Helenes Ausbildung hatte, wie damals üblich, mit dem Pensionatsjahr in Eningen ihren Abschluß gefunden. Nun folgen „‚Kaffeevisiten‘, bei denen häufig der rote kalte Pudding mit weißer oder der weiße mit roter Sauce, das wesentlichste Unterscheidungsmerkmal bildete. Der geistige Bedarf wurde durch eine gründliche Erörterung bevorstehender oder schon erledigter Bälle oder sonstiger gesellschaftlicher Veranstaltungen, Verlobungen oder Verlobungsmöglichkeiten gedeckt", das Ganze wird mit „überflüssige[r] Stickerei" garniert. Helene ergreift noch „nachträglich ein Grauen" angesichts dieser Wartezeit (ebd., 87). Massiv formt sich ihr Wunsch zu einer geistigen Tätigkeit, aber „die Bücher und die Führer" fehlen. Ihre Bitte an ihren „Vormund, das Lehrerinnenexamen machen zu dürfen, wurde damit ab-

gewiesen, das habe noch niemand im Oldenburger Lande getan"
(ebd., 88). Eine Au-pair-Stelle in einem Pensionat im Elsaß, in dem
sie als Schülerin lernt und zugleich als Praktikantin deutsche Literatur und Grammatik unterrichtet, schafft eine kurzfristige Beschäftigung, ist eine Art Zwischenstufe.
Aber wiederum folgt ein Aufenthalt im großväterlichen Hause -
krankheitshalber diesmal. In diese Zeit scheint eine schwere Identitätskrise zu fallen. In Helene Lange ist der Wunsch gereift, Lehrerin
zu werden, damals eine der wenigen Möglichkeiten bürgerlicher
Töchter, ihr Wissen zu erweitern und einem Beruf nachzugehen, der
sich auch nur halbwegs gesellschaftlicher Anerkennung erfreut. Aber
der ernsthaften Vorbereitung auf eine Stelle als Erzieherin steht,
„durchaus nicht weltabgewandt", der Wunsch gegenüber, mitzuneh-
men, „was sich bot" (ebd., 93; vgl. Hoeppel 1983, 135 ff.). Noch
reizt sie ein Silvesterball, noch kostet sie ihre Jugend aus, vermutlich
ahnend, daß sie bei der intensiven Verfolgung ihres Berufszieles diese
Seiten ihres Lebens würde ausblenden müssen. Nach einem weiteren
dreijährigen Intermezzo als Erzieherin kommt sie mit 23 Jahren
nach Berlin; unabhängig von ihrem Vormund kann sie nun endlich
mit der erwünschten Lehrerinnenausbildung beginnen. Mit diesem
Lebensabschnitt nimmt die Autobiographie den Charakter von Me-
moiren an: Die Begegnung mit der Frauenbewegung, von nun an untrennbar mit ihrer eigenen Geschichte verbunden, ihre Kämpfe für
höhere Mädchenbildung und Frauenstudium prägen ihr weiteres Leben. Henriette Tiburtius, die ältere Frau, Ärztin in Berlin, die ihre
Berufstätigkeit mit der Rolle der Frau und Mutter verbindet, wird
ihr großes Vorbild; Gertrud Bäumer, die über zwanzig Jahre jüngere,
ihre spätere Lebensgefährtin. Das Problem, daß sie nicht wie ihre
Brüder ist und nicht die gleichen Bildungsmöglichkeiten hat, beschäftigt Helene nun theoretisch und praktisch.
Folge ich an dieser Stelle Langes eigener Darstellung, so wird ihre
theoretische Position vor allem durch zwei AutorInnen ihrer Zeit beeinflußt: John Stuart Mill mit seiner Schrift „Subjection of women"
und Hedwig Dohm, die sich als Apologetin Mills versteht und geist-
reich und brillant gegen die deutschen Kritiker Mills, vor allem in
der Männerwelt, zu Felde zieht. Während nun der Grundgedanke

Mills, daß die gesetzte Unterordnung des weiblichen unter das männliche Geschlecht Unrecht sei und durch das Prinzip wirtschaftlicher, rechtlicher und politischer Gleichheit ersetzt werden müsse, Helene Lange einleuchtet, schreckt sie doch zurück bei Dohms Ausführungen, die darauf hinauslaufen, daß Frauen die bisher als männlich bezeichnete Sphäre ebenso gut, ja vielleicht besser als Männer, würden ausfüllen können. Hier fehlt Lange das „Zwingende, das Primäre. Das lag für mich nur in dem Gedanken, daß es vieles gab, das *nur* Frauen, das Männer nicht oder nicht so gut ausführen könnten, daß die Gleichberechtigung also nicht verlangt werden müsse um der Gleichheit, sondern um der *Un*gleichheit der Geschlechter willen, daß die einseitig männliche Kultur durch eine weibliche ergänzt werden müsse" (Lange 1927, 111 f.)

Mit diesem Denken ordnet sich Helene Lange ein in das Konstrukt vom weiblichen Geschlechtscharakter, wie es, vor allem seit Beginn des neunzehnten Jahrhunderts, von Philosophen wie Humboldt bis zu den Frauen der ersten Frauenbewegung wie Louise Otto in der polarisierten Geschlechterphilosophie vertreten wird. Ungeachtet einer zu fordernden Gleichberechtigung, sind es die *Differenzen*, die das Verhältnis zwischen Mann und Frau bestimmen: Wo der Mann aktiv, kraftvoll und tüchtig ist, die Dinge handelnd vorantreibt, sich in der Welt mit Härte bewährt, verkörpert die weiche anschmiegsame Frau den aufnehmenden empfangenden, verstehenden Part, bietet sie dem Manne Zuflucht, bildet den ruhigen verständnisvollen Pol für sein geschäftiges Treiben, den Hort von Sitte und Sittlichkeit. Die Sphären der Tätigkeit von Mann und Frau sind - wenn auch in metaphorischer Form - fest umrissen: Welt und Haus, kraftvolle Tätigkeit, ja Härte und Verständnis und Umsorgen stehen einander gegenüber; die weibliche Sorge für die Erhaltung des Lebens setzt der Auseinandersetzung mit der Welt Grenzen und führt in eine Sphäre der naturgegebenen Einheit, in der die Frau, selbst ganz Natur, empfangend und aufnehmend tätig sein kann.

Diese Differenzen zwischen den Geschlechtern, immer wieder von AutorInnen unterschiedlicher Couleur postuliert, nimmt Helene Lange auf und führt sie fort: Im Gegensatz zu Hedwig Dohm, der sie allen glänzenden Formulierungen zum Trotz das Positive und das

Produktive bestreitet, ist sie gerade „von der fundamentalen Verschiedenheit beider Geschlechter" überzeugt: Intellektuelle vs. soziale Interessen, Abstraktion vs. sittlicher Idealismus, das sind die Pole, mit denen sie bei aller vorausgesetzten Gleichwertigkeit - die Eigenart der Geschlechter zu charakterisieren sucht (ebd., 113). Was aber bedeuten diese Vorannahmen auf der Grundlage der Differenztheorie für Langes Tun und Handeln?

Ihre praktische Tätigkeit ist zunächst einmal von der Arbeit in den Crainschen Anstalten bestimmt, einer privaten Institution mit verschiedenen Schulformen: höherer Mädchenschule, Knabenvorschule, Selekta, Seminar und Pension (ebd., 115). Lange ist als Lehrerin an der dortigen höheren Mädchenschule tätig und leitet eine Seminarklasse. Die Mädchenschulen umfassen in der Regel neun bis zehn Schuljahre und entlassen die Mädchen ungefähr im Alter von fünfzehn Jahren; die Seminarklassen schließen sich an und bereiten Absolventinnen der höheren Mädchenschule auf den Lehrerinnenberuf vor - in der Regel wiederum an einer höheren Mädchenschule. Helene Lange unterrichtet Deutsch, philosophische Propädeutik und gibt eine Einführung in psychologische und ethische Fragen. Der Unterricht greift „ans Herz", wirft Probleme auf, mit denen ihre Schülerinnen persönlich zu tun haben, und ruft trotzdem „immer wieder das Bedürfnis hervor, irgendwo das Absolute, das außer Frage stehende zu finden" (ebd., 125). Ein so verstandener Unterricht, in dem sie das Gefühlsleben ihrer jungen Schülerinnen nachempfindet und ihnen dazu verhilft, ihre eigene Entwicklung und ihre Beziehungen zu ihren Mitmenschen zu reflektieren, muß ihr als eindrucksvolle Bestätigung ihrer These von der Bedeutung der *Lehrerinnen* an Mädchenschulen erscheinen.

Helene Lange hätte, so könnte man meinen, damit zufrieden sein können. In privaten höheren Mädchenschulen, und die überwiegen bis zum Ende des vorigen Jahrhunderts, unterrichten weitgehend Lehrerinnen. Sie können hier das, was sie als weibliche Bildung empfinden, ungehindert vermitteln: Herz und Gemüt und sittliches Verhalten, vielleicht auch etwas Philosophie, zumindest insofern menschliche Beziehungen im Vordergrund stehen. Aber - und da setzt ihre bildungspolitische Arbeit an - Lange gibt sich mit dieser

Konstruktion der Mädchenerziehung im abgeschirmten privaten Bereich mit der einzigen beruflichen Chance der Selbstrekrutierung von Mädchenschullehrerinnen nicht zufrieden. Es ist jener andere Diskurs, der neben der allseits zitierten Geschlechterpolarität die Zeit beherrscht und auch Lange beeinflußt: das Recht beider Geschlechter auf Wissen und Vervollkommnung. Mag die Eninger Pfarrerin sich noch in feinem Anstand aller Neugier und Wißbegier enthalten können, Helene ist bemüht, sich weiterzubilden, wo immer es geht. Aber ein solches Bemühen hat eine institutionelle Grenze: Die Universität ist und bleibt ihr wie ihren Zeitgenossinnen verschlossen; die notwendige Voraussetzung, die Reifeprüfung, fehlt ihnen und ist auf den maximal zehnjährigen höheren Mädchenschulen nicht zu erwerben.

Neben dieser generellen Ausschließung des weiblichen Geschlechts sind es aber auch noch aktuelle Probleme, die Lange bewegen, aktiv an der Bildungspolitik zugunsten der Frauen mitzuwirken. Um ihren Ansatzpunkt verständlich zu machen, ist ein kurzer Blick auf die damalige Schulsituation notwendig: Da sind zunächst die schon genannten privaten höheren Mädchenschulen, deren Ausbau zwischen besseren Elementarschulen und Schulen mit differenziertem Lehrangebot - zwei Fremdsprachen - schwankt; sie beschäftigen auch in den oberen Klassen Lehrerinnen. Das trifft nun zum einen mit Langes, bereits aufgrund ihrer Erfahrung mit Karl Wöbcken, formuliertem Prinzip zusammen, junge Mädchen durch Frauen unterrichten zu lassen; neben der inhaltlichen Übereinstimmung spiegelt diese Situation aber auch eine professionspolitische Komponente: Die privaten höheren Mädchenschulen bilden nämlich *den* Arbeitsplatz für bürgerliche Frauen, die berufstätig sein wollen oder müssen und den Lehrerinnenberuf gewählt haben.

Diese Nische für Frauen auf dem Arbeitsmarkt Schule bleibt jedoch nicht unangetastet; es sind die Männer, genauer: die Mädchenschullehrer, die hier eindringen wollen. Viele von ihnen haben studiert, haben ihren Lebensentwurf an einem Lehramt an Gymnasien orientiert, reüssieren aufgrund der Überfüllungskrise im gymnasialen Bereich nicht und weichen nun in die höheren Mädchenschulen aus; weniger in die privaten, deren Gehälter wohl kaum mit einer Fami-

liengründung zu vereinbaren wären und gegen die sie einen ständigen Feldzug führen, als vielmehr in die öffentlichen, in der Regel städtischen Mädchenschulen. Und auf diesem Felde kämpfen sie nun - vor allem seit Beginn der siebziger Jahre - um eine Besserstellung der Mädchenschulen, um ihre Normierung und ihre Einbindung in das öffentliche Schulsystem. Absolut betrachtet ist das sicher ein löbliches Unterfangen; es resultiert jedoch kaum aus dem Wunsche, die Mädchenschulen in das männliche Berechtigungswesen einzubeziehen, etwa um den Frauen die Möglichkeit zur Reifeprüfung zu geben, sondern eher aus der Sorge um ihre eigene Position als Lehrer, die sowohl gehaltsmäßig wie rechtlich von der Verfassung der Schulen abhängig ist. Zugleich sind sie darauf bedacht, angesichts der weiblichen Konkurrenz ihr Berufsfeld zu erhalten: Die Leitung einer öffentlichen Mädchenschule könne nur bei einem Mann liegen, der Unterricht in den oberen Klassen selbstverständlich nur von wissenschaftlich gebildeten Lehrern erteilt werden, jenen also, die eine Universität besucht haben; und das können nach herrschender Sachlage eben nur Männer sein. Frauen als Lehrerinnen werden in den öffentlichen Schulen in die unteren Klassen und auf Fächer wie Nadelarbeit abgedrängt. Daß das wohl kaum der Gleichberechtigung dient, ist deutlich, und so scheuen die „Töchterschulmänner" auch nicht davor zurück, ihr Bildungsziel für Mädchen deutlich zu formulieren: Es gilt ihnen, „dem Weibe eine der Geistesbildung des Mannes in der Allgemeinheit der Art und Interessen ebenbürtige Bildung zu ermöglichen, damit der deutsche Mann nicht durch die geistige Kurzsichtigkeit und Engherzigkeit seiner Frau am häuslichen Herde gelangweilt und in seiner Hingabe an höheren Interessen gelähmt werde, daß ihm vielmehr das Weib mit Verständnis dieser Interessen und der Wärme des Gefühles für dieselben zur Seite stehe" (Denkschrift 1872, 23).
Man erkennt die bildungspolitische Intention: Begrenzung der Bildung der Frauen auf jene Allgemeinbildung, die sowohl einer Ehefrau als auch einer mit Kindererziehung betrauten Mutter gut ansteht, und Berufsfeldsicherung der Männer. Daß die VertreterInnen der privaten höheren Mädchenschulen sich vehement gegen solche Initiativen wehren - dieses Wort geht auch für sie häufig mit „Un-

weiblichkeit" einher -, sondern auch um ihr Berufsfeld zu erhalten, liegt auf der Hand. Und die entsprechende Begründung liegt ebenfalls nahe: Die Theorie vom weiblichen Geschlechtscharakter. Helene Langes Kernsatz, den sie in ihren Lebenserinnerungen retrospektiv formuliert und demzufolge nur Lehrerinnen junge Mädchen mit dem rechten Verständnis unterrichten und erziehen können, erweist sich als außerordentlich gut geeignete bildungspolitische Maxime zur Verteidigung der Mädchenschullehrerinnen. Helene Lange weicht nicht ab von dieser Idee, die einen Grundpfeiler in ihrer Argumentation bildet.

Das Zweite war schon angesprochen: Der Ausschluß der Frauen von wissenschaftlicher Bildung. Auch hier ist Langes bildungspolitische Richtung zunächst eng mit der Situation der Lehrerinnen verbunden: Wenn nämlich die Töchterschulmänner durchsetzen, daß nur wissenschaftlich gebildete Personen in den Oberklassen der öffentlichen höheren Mädchenschulen unterrichten dürfen, dann muß gerade aus diesem Grund Frauen die Gelegenheit gegeben werden, eine wissenschaftliche Bildung zu erlangen. Das Konstrukt des weiblichen Geschlechtscharakters wird hier erweitert, denn mittlerweile bedarf die Berufsfeldsicherung der Frauen notwendigerweise der wissenschaftlichen Bildung.

Helene Lange legt diese Gedanken in der sogenannten „Gelben Broschüre" dar, der Begleitschrift zu der im Jahre 1887 dem preußischen Abgeordnetenhaus aus dem Kreise der Berliner Frauen eingereichten Petition. Die Petition greift, kurz und eher bescheiden, lang bekannte Forderungen auf: Dem „weiblichen Element" solle „eine größere Beteiligung an dem wissenschaftlichen Unterricht" zugestanden werden, „namentlich Religion und Deutsch" sollten „in Frauenhand gelegt" und „von Staatswegen" möge für „die Ausbildung wissenschaftlicher Lehrerinnen für die Oberklassen der höheren Mädchenschulen" gesorgt werden (Lange 1887,7). Vermutlich wäre der Petition noch weniger Beachtung geschenkt worden als ihr sowieso von offizieller Seite zuteil wurde - sie wurde nämlich nicht beantwortet -, hätte nicht die Begleitschrift von Helene Lange für den notwendigen Zündstoff gesorgt: „Der Mann glaubt, durch den Unterricht allein schon die Erziehung zu geistiger und sittlicher

Selbständigkeit bewirken zu können. Diese Ansicht ist irrig; es bedarf eines ganz besonderen Agens, um die im Unterricht liegenden latenten Kräfte zu entbinden. [...] Bei wem aber ist diese Liebe zu den Mädchen, aus der der erziehende Einfluß hervorgeht, bei wem das lebendige Interesse an ihrer Heranbildung zu tüchtigen, edlen Menschen größer als bei uns, die wir ihres Geschlechts sind, denen alles daran liegt und liegen muß, in ihnen zukünftige Mütter heranzuziehen, die besser als bisher ihre Aufgabe zu erfüllen imstande sind?" (ebd., 25). Das ist Helene Langes Antwort auf die männliche Vorstellung von der Frau, die sich zur Freude ihres Mannes am heimischen Herd zu bewähren hat. Daß sich die Mädchenschullehrer gegen diesen Einfluß von Lehrerinnen in Mädchenschulen verwahren, ist verständlich, allen voran übrigens Karl Schneider, Dezernent im preußischen Kultusministerium, der „keine Nacht schlafen würde, wenn er diese Begleitschrift geschrieben hätte" (Lange 1927, 157).

Politisch ist der Broschüre kein unmittelbarer Erfolg beschieden. So sucht Helene Lange nach anderen Wegen: Sie richtet in Berlin - vorbei am öffentlichen höheren Mädchenschulwesen - Realkurse und später Gymnasialkurse für Frauen ein, die auf ein extern abzulegendes Abitur vorbereiten, und sie sichert in ihrer Funktion als Vorsitzende des 1890 gegründeten Allgemeinen Deutschen Lehrerinnenvereins die Stellung der Lehrerinnen: In dem ersten offiziellen Lehrplan für Mädchenschulen von 1894 wird den Lehrerinnen das Klassenordinat in den oberen Klassen zugestanden, gleichzeitig werden ihnen Möglichkeiten zur wissenschaftlichen Weiterbildung an der Universität eingeräumt. Die Professionalisierung der Oberlehrerinnen hat für Helene Lange zunächst Vorrang vor weiterreichenden Bildungsanforderungen für Frauen mit anderen akademischen Berufswünschen.

Als sich in Preußen 1908 für Frauen auch offiziell die Tore zur Universität öffnen, ist der von Helene Lange immer wieder angemahnte Zugang von Frauen zur höheren Bildung kodifiziert, und erste höhere Mädchenschulen werden analog zu den höheren Jungenschulen ausgebaut. Dem Gleichberechtigungsdiskurs ist damit Genüge getan; problematischer ist es, auf der Grundlage der Differenztheorie, die Gleichwertigkeit aber Andersartigkeit von Mann und Frau postuliert, das Konstrukt vom weiblichen Geschlechtscharakter weiterhin aufrecht zu erhalten, denn zumindest beim Universitätszugang - sollten die aus Professionalisierungsgründen so lange gepflegten Differenzen auch Lange zufolge keine Auswirkungen haben: „Und so wenig es einen Königsweg zur Wissenschaft gibt, so wenig gibt es einen besonderen Frauenweg" (Lange 1909, 347). Das Blatt hat sich gewendet, verständlich, denn soll die wissenschaftliche Bildung der Frauen in gleicher Weise anerkannt werden wie die der Männer, so darf es keinen Sonderweg geben. Das spezifisch Weibliche als Argumentationsfigur gerät den Frauen angesichts des nunmehr möglichen Universitätsstudiums vorübergehend in den Hintergrund. Trotzdem - für Lange bleiben weibliche Kraft und „geistige Mütterlichkeit" den Frauen auch beim Universitätsstudium erhalten; sie ist davon überzeugt, daß das weibliche Element auch weiterhin die Arbeit der Frau bestimmen wird, sei es in der Wissenschaft, sei es in der Schule.

Helene Langes Leben zeugt davon, wie sich eine Frau nach unausgefüllter Wartezeit und langweiligem Moratorium den Weg erkämpft hat, ihre Bildung zu vervollkommnen und ihre Wißbegier zu stillen. Gleichzeitig hat sie durch ihre Arbeit anderen Frauen die Möglichkeit zu höherer Bildung eröffnet, eine Erfolgsstory also? Für die Frauen nachfolgender Generationen, denen Langes Kampf die Möglichkeit zum Studium eröffnet hat, bestimmt, aber auch für die Kämpferin selbst? Wenden wir uns noch einmal ihrer Lebensgeschichte zu. Sie scheint - trotz aller positiver Bilanz - nicht so ganz widerspruchslos verlaufen zu sein, wie Lange es die LeserInnen glauben machen will: Gerade die Gefühle, auf die sie mit ihrem Konstrukt der geschlechtsspezifischen Eigenart der Frau immer wieder verweist, läßt sie in ihrer eigenen Lebensgeschichte ausgeblendet. Mit dem letzten Silvesterball und der auf die Anfänge der Berliner Zeit gezielten Bemerkung: „So innerlich alt und trocken war ich nicht" (Lange 1927, 99), hat sie sich offensichtlich, zumindest der Öffentlichkeit gegenüber, von ihren Empfindungen verabschiedet. Ihr Kampf für den Abbau der Bildungsnachteile für Mädchen setzt sie dem gesellschaftlichen Urteil der Unweiblichkeit aus - Raumers Idee von Mädchenbildung und Wissensvermittlung sind eben trotz

Frauenbewegung und John Stuart Mill (vgl. ebd., 111 f.) noch gültig. Diesem Verdacht tritt Helene Lange mit der besonderen Wesensart der Frau entgegen. ‚Geistige Mütterlichkeit‘, jenes Konstrukt von Empfindungen und Gefühlen, Empathie und Einfühlung, Verantwortung, Umsorgen und Hilfsbereitschaft stellt dem negativ besetzten Verdikt der Frauengelehrtheit etwas Weibliches entgegen, trägt dazu bei, den Verzicht auf eine bürgerliche Ehe, vielleicht auch auf Liebe zu kompensieren und weibliches - fürsorgliches - Verhalten innerhalb der Lebens- und Arbeitsgemeinschaft zu realisieren. Vielleicht ist es diese Komponente, die sich für mich in dem strengen Lange-Bild gespiegelt hat und der ich in meiner Schulzeit mit meinem Lebensentwurf nicht folgen wollte?

Ihr Leiden an der Wißbegier hat Helene Lange für sich und die kommenden Generationen stillen können, ob aber dieser Schritt für sie und ihre Generation nicht gerade ein Leiden am Wissen und an jenem Verzicht, der mit wissenschaftlicher und bildungspolitischer Arbeit verbunden ist, hervorgerufen hat, das bleibt die Frage.

Literatur

Den hohen deutschen Staatsregierungen gewidmete Denkschrift der ersten deutschen Hauptversammlung von Dirigenten und Lehrenden der höheren Mädchenschulen, betreffend eine gesetzliche Normierung der Organisation und Stellung des höh. Mädchenschulwesens [1872]. In: Monatsschrift für das gesammte Deutsche Mädchenschulwesen, 1873, S. 15-33

Hoeppel, Rotraut: Weiblichkeit als Selbstentwurf. Autobiographische Schriften als Gegenstand der Erziehungswissenschaft. Eine exemplarische Untersuchung anhand ausgewählter Texte. Diss.. Würzburg 1983

Kraul, Margret: Frauenautobiographien und Identität. In: Faulstich-Wieland, Hannelore (Hg.): Weibliche Identität. Dokumentation der Fachtagung der AG Frauenforschung in der Deutschen Gesellschaft für Erziehungswissenschaft. Bielefeld 1989, S. 49-68

Lange, Helene: Die höhere Mädchenschule und ihre Bestimmung. Begleitschrift zu einer Petition an das preußische Abgeordnetenhaus [1887]. In: Dies., Kampfzeiten. Aufsätze und Reden aus vier Jahrzehnten, Bd. 1, Berlin 1928, S. 7-58

Dies.: Der vierte Weg zur Universität [1909]. In: Kampfzeiten, Bd. 1, S. 342-350

Dies.: Lebenserinnerungen, Berlin 1927.

Raumer, Karl von: Geschichte der Pädagogik vom Wiederaufblühen klassischer Studien bis auf unsere Zeit, 3. Theil, 2. Abth., Stuttgart 1852.

„DIE ZUKUNFT IST UNS NOCH ALLES SCHULDIG"

Auszüge aus den Lebenserinnerungen
von Helene Lange
und aus ihren Aufsätzen und Reden
(zusammengestellt von Elfi Hoppe, Staatstheater Oldenburg)

Ich habe kaum je in meinem Leben so stark das Bewußtsein gehabt, im Kampf zu stehen, als vor der vieltausendköpfigen Lehrerversammlung in München, die mit Ausnahme einer kleinen Minderheit unserem Grundsatz, daß Mädchenbildung in erster Linie Frauensache sei, den geschlossenen Widerstand des „verletzten Mannesgefühls" und der bedrohten Berufsinteressen entgegenwarf und angesichts der Lehrerinnen jeden Anwurf, jeden uralten Witz über sie mit breitestem Behagen quittierte. Niemals habe ich so deutlich gewußt wie damals, daß hier uns eine Macht entgegenstand, die nie „gewonnen", sondern nur durch unbeugsames Beharren auf unserem Boden gebrochen werden konnte. Niemals ist mir das Wesen der Widerstände, denen die Frauen ihr Recht auf geistige Wirkung abringen müssen, so greifbar gewesen, wie in der Haltung der Mehrheit dieser Versammlung. Nie aber auch die Bedeutung des geschlossenen Zusammenstehens der Frauen so deutlich, wie in der der Tagung unmittelbar folgenden Protestversammlung des Allgemeinen Deutschen Lehrerinnenvereins.
Der Krieg brachte diese Auseinandersetzungen zum Schweigen. Die Entwicklung des Mädchenschulwesens war bis dahin zwar äußerlich in den meisten Punkten unserem Ziel näher gerückt, in der einen großen und für mich entscheidenden Frage des *weiblichen Einflusses* aber eher zurückgeworfen. Hier ist die Zukunft uns noch alles schuldig.

Schauplatz

. . .

Warum ich nicht mein Bruder sei und mein Bruder nicht ich, war eines der ersten philosophischen Probleme, in die mein Kinderkopf sich hineinbohrte. Aber die reale Tatsache ließ sich nicht umstoßen: Ich war ich und wuchs auf zwischen zwei Brüdern, als „Koopmanns Dochter", wie unsere Waschfrau, die alte Rastede, mit respektvoller Betonung hervorzuheben pflegte, in dem Haus, Hof, Stall und Garten - und somit für das Kind unbegrenzte Möglichkeiten - umschließenden Grundstück Achternstraße 2 in Oldenburg an der Hunte.

Ich bin nicht dort geboren. Mein Geburtshaus liegt einige Häuser weiter an der Langen Straße. Seine Besitzerin, ein altes Fräulein Gesche Kimme, flößte mir in der Dämmerzeit meines Kinderlebens manchmal Angst ein, wenn sie uns, die wir harmlos vorüberliefen, anfuhr und uns schlimme Kinder nannte. Vielleicht hatten wir etwas längst Vergessenes auf dem Kerbholz; ich aber empfand nur den unverständlichen Protest gegen unser Dasein, in dem es uns schon ganz behaglich zu werden anfing.

In Gesche Kimmes Hause habe ich also den ersten Schrei getan, und zwar, wie die Überlieferung will, mit einstimmend in das Geschrei einer erregten Menschenmenge, die sich - es war am 9. April 1848 - in Oldenburg durch Fenstereinwerfen eine kleine Nachfeier der Märztage gestattete. Mein Vater pflegte mir in Fällen besonders lebhafter Temperamentsäußerungen diesen Geburtstag als mildernden Umstand in Anrechnung zu bringen.

Meine ersten bewußten Eindrücke aber haften an der Achternstraße, in die wir bald übergesiedelt sein müssen. Und wenn ich von den ersten Jahren absehe, wo das körperliche und geistige „An-der-Hand-geführt-Werden" dem sehr selbständig veranlagten Kinde eine ungern geduldete Einschränkung bedeutete, so steht als Höchstes und Liebstes vor meinem geistigen Auge die unbeschränkte Kinderfreiheit, die wir genossen. Hie und da traten die Erwachsenen wohl einmal mit unbequemen Erziehungseingriffen und Grenzsetzungen in unseren Bereich, im ganzen aber herrschte, bewußt oder unbewußt, der heilsame Grundsatz, uns gewähren zu lassen und die Erziehung durch die Verhältnisse und Dinge ihr Werk an uns tun zu lassen. Das „Jahrhundert des Kindes" war gottlob noch nicht erfunden. Wir fühlten uns nicht wichtig genommen, wenn wir auch ein Unterbewußtsein davon hatten, daß wir von Bedeutung für Haus und Familie waren. Und so sind wir denn niemals intensiv „erzogen" worden. Wir durften wir selbst sein und wir selbst werden. Das hat unsere Jugend so glücklich gemacht.

Meine Familie

Mein Vater hatte den ihm wenig naheliegenden Kaufmannsberuf ergreifen müssen. Er hat ihn mit der ganzen Pflichttreue ausgefüllt, die seines Wesens Kern war, innerlich von ganz anderen Interessen erfüllt. Und so habe ich ihm die Tatsache, daß er „nicht viel vor sich gebracht", d.h. nur sein täglich Brot für sich und seine Familie verdient hat, stets auf die Plusseite gebucht.

Er kam nach Oldenburg in die Lehre, kurz nachdem ein letztes Familienmitglied (Leonore) eingerückt war. Den Jungen mag nach der langen mädchenlosen Zeit das Schwesterchen besonderen Eindruck gemacht haben; als Carl Theodor, der auf der Reise still vor sich hin weinte, von einem Mitreisenden deswegen befragt wurde, schluchzte er nur: „Ick mutt immer an de lütje Deern denken."

In Oldenburg hat ihn dann später eine reine Neigungsheirat mit meiner Mutter, Johanne tom Dieck, verbunden. In dem „Saal" des damaligen tom Dieckschen, jetzt Mehrensschen Hauses sind sie getraut worden.

Wenn ich mir meinen Vater und sein Verhältnis zu uns Kindern vergegenwärtige, so habe ich den Eindruck, daß der Respekt überwog. Er redete nicht viel mit uns; hatte er aber einmal „Und damit basta!" gesagt, so war die Sache erledigt; da war nichts mehr zu machen. Aber wir konnten als Kinder ein Gefühl davon gewinnen, was es heißt, einen Vater zu haben, der allgemeine Achtung genießt. Es war nur ein dumpfes Gefühl, aber es war in mir vorhanden, wenn ich Sonntags morgens neben dem stattlichen Mann im „guten Rock" herschritt, um den üblichen Sonntagsbesuch bei Großvater zu machen. Sein Charakter war so zuverlässig und solide wie seine Tuche. Es gab Kunden, die einfach bestellten, er möge doch das für einen Anzug nötige Quantum zu ihrem Schneider schicken, ohne nach Preis und Qualität zu fragen. Er betrieb auch den Kaufmannsberuf nicht als Fron, aber seine Seele gehörte nach wie vor der Musik. In dunkler Erinnerung sind mir noch musikalische Abende vor dem frühen Tod meiner Mutter; später fielen diese, wie jede Geselligkeit, im Hause fort. Aber er ließ sich noch spät im Cellospiel unterrichten und hat dann manchen Abend musikalische Gedanken phantasierend verarbeitend zugebracht. Die meiste Freude hat ihm und anderen sein selten schöner Bariton gemacht; die damals so beliebten „Liedertafeln" und Sängerfeste sahen ihn als einen der Gefeiertsten in ihren Reihen. Aber auch als Mensch genoß er allgemeine Hochschätzung, sowohl im Oldenburger „Casino", der Hochburg der Offiziere und Beamten, wie in der „Union", dem Sitz der Kaufmannschaft, und das wollte in Oldenburg etwas sagen . . .

Als Pädagoge - der Ausdruck ist eigentlich schon falsch, denn ich glaube kaum, daß er sein Verhältnis zu uns je unter diesem pedantischen Gesichtspunkt aufgefaßt hat - war gerade mein Vater für die schon gekennzeichnete Methode des Gewährenlassens, wenn nicht besondere Umstände ein Machtwort erheischten.

Die einzige, nicht gerade für meine Ohren bestimmte Erziehungstheorie, die ich meinen Vater je aufstellen hörte, äußerte er unserer Hausdame (damals hieß es „Mamsell") gegenüber, die sich über den „unglaublichen Spektakel" beschwerte, den wir machten. Sie lautete summarisch: „Kinder sind dazu da, um Lärm zu machen." Wir bedurften dieser abstrakten Wahrheit kaum, dazu hatten wir zu lange schon unsere Lebensführung unbewußt danach eingerichtet.

Zwischen meinem Vater und meiner Mutter herrschte - trotz der großen Verschiedenheit ihrer Naturen - vollkommenes Einverständnis. Ich habe sie nie eine Meinungsverschiedenheit erregt austragen hören, erinnere mich überhaupt einer solchen nicht. Meine Mutter war eine feine, nervös veranlagte Natur. Sie konnte sich eigentlich nie vollkommen darein finden, daß sie drei, dem Vater nachartende Hünenkinder zur Welt gebracht hatte, die unendlich viel mehr Lebens- und Widerstandsfähigkeit mitbekommen hatten, als ihr selbst leider beschieden war . . .

Es gehörte zu den allgemein geglaubten Theorien, daß man kleine Mädchen gar nicht früh genug an die Handarbeit herankriegen könne, und zwar aus ethischen Gründen. Eine Theorie, die die preußischen Lehrpläne später unter der Ägide des Geheimrats Karl Schneider in den weisen Satz verarbeiteten: „Die erziehliche Aufgabe des Handarbeitsunterrichts liegt in der Pflege weiblicher Sorgfalt, Sauberkeit und geduldigen umsichtigen Fleißes bei der Herstellung bescheidener Arbeiten."

Und so wurden mir denn eines Tages zwei hübsche, mir sehr in die Augen stechende Taschentücher in die Hand gegeben, das eine durch seine roten, das andere durch blaue Streifen in saubere Vierecke geteilt. Sie waren für die Brüder bestimmt, und die Schwester - ich kann höchstens sechs Jahre gewesen sein - sollte sie säumen. Ob man sich wohl eine richtige Vorstellung davon macht, was es heißt, wenn so ein kleines Mädchen vor einem zugemessenen Stück Saum sitzt, das es mit immer schwärzer werdendem Faden allmählich zu schließen sucht, und dabei die Sonne draußen scheinen sieht und die Jungen toben hört? Es war so ein dumpfes erstes Gefühl von „der Frauen Zustand ist beklagenswert". Gewiß, ich hatte gehört, daß Stine Schubert nachmittags sechs- oder gar achtmal „herumstricken" mußte, und ich bewunderte, wie sie das Leben ertrug; aber da waren sie zu dreien und strickten um die Wette, da war wenigstens ein Sport dabei. Aber so allein - - Und wenn man lange Stiche machte, half es einem auch nichts, dann wurde unbarmherzig wieder aufgetrennt. Auch das Stricken wurde mir frühzeitig beigebracht; bei einer gelegentlichen Abwesenheit schreibt meine Mutter: „Daß Helene sich ja in Acht nimmt, wenn sie strickt, sie könnte Theodor stechen."

Das war einer ihrer wesentlichen Charakterzüge: ihre stete Angst um Mann und Kinder. In dem gleichen Brief schreibt sie meinem Vater über die Gefährlichkeit und Giftigkeit der Schwefelhölzer und bittet ihn, keine Zahnstocher davon zu machen, „die Kinder könnten es auch tun wollen", und keine auf dem Fußboden herumliegen zu lassen. Immer sah sie bei einer ihrer seltenen Abwesenheiten ihre kleine Familie von irgendwelchem Unheil bedroht. Von dieser selbstquälerischen Anlage hat sie mir etwas vererbt; eine Freundin hat sie einmal als „Phantasie zum Katastrophalen" bezeichnet.

Meine Mutter hat das innige Glück ihrer Ehe und Mutterschaft nur kurz genießen können; sie starb im März 1855, als mein ältester Bruder im neunten Jahre stand, ich selbst fast sieben, der Jüngste fast fünf Jahre alt war. Sie erlag der Schwindsucht, der meines Großvaters vier blühende Töchter zum Opfer fielen.

Ich habe meine Mutter schmerzlich vermißt, hätte es aber um die Welt niemand merken lassen. Immer malte ich mir abends im Bett aus, daß sie doch vielleicht nicht tot sei und eines Abends wiederkommen könne. Erst als ich meinen Vater einem Händler, der ihm irgendetwas für seine Frau aufdrängen wollte, sagen hörte: „Mine Fro liggt siet twee Joar op'n Karkhoff" -, erst da wurde mir klar, daß meine mit den Jahren immer mehr gewachsene Sehnsucht nie mehr gestillt werden und das Regiment der Hausdamen ein dauerndes sein würde. Von einer stillen Furcht befreite mich meine Tante Sophie durch die Worte: „Dein Vater hat gesagt, ihr Kinder sollt nie eine Stiefmutter haben."

Die Schule

Wie schon erwähnt, habe ich zwei Schulen besucht: zuerst mit einigen Dutzend Knaben und Mädchen zusammen die Elementarschule von „Tante Wöbcken", dann die Krusesche höhere Mädchenschule. Tante Wöbcken war eine ganz wohlwollende brave Seele, die wir Kinder wohl leiden mochten. Sie war natürlich nicht irgendwie für ihr Amt vorgebildet, sondern hatte es einfach mit dem Recht der „erwerbslosen Hinterbliebenen" auf sich genommen. Wieviel sie von den Künsten, die zu übermitteln sie übernommen hatte, selbst verstand, kann ich nicht beurteilen; ich sehe sie nur immer in zwei Situationen vor mir: einmal mit der Brille auf der Nase unsere „Bruddel" in den Strickarbeiten in Ordnung bringend, viel lebhafter aber noch, wie sie mit dem Holzlöffel in der Hand um die Türecke herum ins Zimmer guckte, mit der immer gleichen Frage: „Seid ihr auch artig?"

Noch eines mag erwähnt werden, was mir persönlich tief ging. Zu den Erziehungsmethoden bei Tante Wöbcken gehörte ein Pranger: „Schlingelbank" genannt. Auf diese Bank kamen aber nicht nur die „Schlingel", sondern auch die Ungeschickten. Ich erinnere mich, einmal für „Bruddel" dort gebüßt zu haben. Lange hielt ich das Strickzeug mit seiner hoffnungslosen Maschenverwirrung in beiden Fäustchen, sie hin und her bewegend, als ob ich strickte; mit glühender Sehnsucht dachte ich dabei an meine Mutter, die mir die Maschen, ohne ein Wort zu sagen, in Ordnung gebracht hätte. Ich hoffte, bis zum Ende der Stunde unentdeckt durchzuhalten und glücklich mit meinem Gestrick nach Hause zu kommen. Aber die Sache glückte nicht, und Tante Wöbcken übte Justiz. Das gleiche geschah zunächst mittels eines Stöckchens, mit dem der Sünder in die offen gehaltene Hand einen tatsächlich rein symbolischen Streich erhielt, ehe er zum unverhohlenen Ergötzen der Klasse die Schlingelbank beziehen mußte. Rein symbolisch - aber die Schande, die fürchterliche Schande! Meine tiefe Abneigung gegen jede Art von Strafvollzug in der Schule, der das Kind der grausamen Öffentlichkeit der Klasse preisgibt, vor allem aber gegen das Prügelrecht der Lehrer, mag da seine ersten Wurzeln haben.

Zwischenstufen

Über die zunächst folgende Zeit kann ich kurz hinweggehen. Ödland. Kleinstadtleben in der Heimat, wo ich bis auf weiteres das Dasein einer „Haustochter" im großväterlichen Hause führen sollte. Das bedeutete: ein wenig Haus- und Handarbeit, etwas Klavierspielen, einen Spaziergang durch den Schloßgarten oder das Everstenholz und „Kaffeevisiten", bei denen häufig der rote, kalte Pudding mit weißer oder der weiße mit roter Sauce das wesentlichste Unterhaltungsmerkmal bildete. Der geistige Bedarf wurde durch eine gründliche Erörterung bevorstehender oder schon erledigter Bälle oder sonstiger gesellschaftlicher Veranstaltungen, Verlobungen oder Verlobungsmöglichkeiten gedeckt. Manchmal wurde dabei eine überflüssige Stickerei mehr oder weniger gefördert. Wenn man bedenkt, daß so oder ähnlich das Dasein ungezählter junger weiblicher Wesen in der „Wartezeit" ausgefüllt wurde, kann einen noch nachträglich ein Grauen ergreifen bei dem Gedanken an die Unsumme vergeudeter Energien und Wirkensmöglichkeiten.

Vorläufig wußte man es nicht besser. Man schwamm zunächst mit dem Strom. Fand man doch viele gute Jugendbekannte beider Geschlechter wieder, die inzwischen aus der Puppe geschlüpft waren. Man tauschte Erinnerungen aus und knüpfte aufs neue Beziehungen an. Aber man blieb innerlich leer. Man las wohl wieder, meistens aus der Leihbibliothek; aber wenn sich daraus auch allmählich einige Kenntnis der neueren Literatur aufbaute, so war das doch keine Nahrung, von der man geistig leben konnte. Und mit ernsthaften Studien kam man nicht recht weiter; es fehlten die Bücher und die Führer.

Die Erzieherinnenstelle, die ich im Frühjahr 1867 angenommen hatte, führte mich in die Familie des Fabrikanten Gruner auf Burg Gretesch bei Osnabrück. Die richtige Ausbildung als Lehrerin war mir zwar nach wie vor versagt geblieben, aber ich glaubte auf Grund meiner autodidaktischen Vorbereitung mit gutem Gewissen in meine Tätigkeit hineingehen zu können - das war ja damals nichts Außergewöhnliches. Ich denke gern an die drei Jahre zurück, die ich auf Gretesch zugebracht habe. Ich hatte fünf Kinder, die in drei Klassen gehörten, in allen Schulfächern der Höheren Mädchenschule zu unterrichten und suchte mir dazu meine eigenen Methoden, wie ich später sah, nicht zum Schaden meiner Schülerinnen. Jedenfalls wurden sie in ganz normaler Weise gefördert, so daß sie bei meinem Fortgang in die ihrem Alter entsprechenden Klassen der höheren Mädchenschule in Osnabrück aufgenommen werden konnten. Die Kinder waren gut geartet und die Eltern vernünftig genug, um meine

Arbeit mit diesem Unterricht und einem gemeinsamen Spaziergang als abgetan zu betrachten, so daß mir genügend freie Zeit zur Fortbildung blieb, die ich tüchtig und systematisch ausnutzte.

Von den unangenehmen Seiten des Erzieherinnenberufs, die mir oft so lebhaft geschildert wurden, habe ich nichts erfahren; meine Arbeit interessierte mich und fand Verständnis, meine Kinder kamen vorwärts. Ich fühlte mich in jeder Hinsicht zu Hause und fand freundliche Beziehungen, die auch der rein menschlichen Entwicklung Nahrung boten. Die mächtigen Eindrücke des Krieges von 1870-71 fielen in diese Zeit. Ihre wesentliche Wirkung auf alle war das andauernde Gefühl, einem starken, mächtig aufstrebenden Volk anzugehören, einem Volk, das seine besondere Aufgabe in der Geschichte hatte und dem eine große Zukunft bevorstand. Dieses Gefühl wurde auf Schritt und Tritt gestärkt, als ich im Herbst 1871 nach Berlin ging, um dort, von keinem Vormund mehr abhängig, endlich meine Lehrerinnenprüfung abzulegen. So weit ging meine Absicht; in Wirklichkeit bin ich dann 45 Jahre dort geblieben.

An der Arbeit

Im Herbst 1876 trat ich in die „Crainschen Anstalten" in Berlins Landgrafenstraße ein, um dort zunächst in einem im Entstehen begriffenen Lehrerinnenkursus ein paar Stunden zu übernehmen; nach kurzer Zeit war ich als Lehrerin an der höheren Mädchenschule und Leiterin der Seminarklasse angestellt. Damit war für die nächsten anderthalb Jahrzehnte mein Haupttätigkeitsfeld abgesteckt.

Lucie Crain war ein Original, äußerlich und innerlich. Klein, rund, sehr beweglich, war sie von einer nie abreißenden Betriebsamkeit.

Bei dem ausgedehnten äußeren Betrieb würde ihr für den inneren Schulbetrieb schon die Zeit gefehlt haben: Es fehlten ihr aber die Voraussetzungen dafür, und sie war klug genug, sich darüber keiner Täuschung hinzugeben. D.h., es fehlte ihr an Fachbildung und Methode; sie sprach nicht nur mit Leichtigkeit die modernen Fremdsprachen, wenn auch mit Mecklenburger Färbung, sondern hatte auch eine Menge Bildungsstoff regellos aus der Lektüre aufgesammelt. Zudem las sie dauernd.

Was sie trotz ihrer mangelnden fachlichen Eignung ihre Stellung doch nach anderer Richtung hin voll ausfüllen ließ, war etwas ausgesprochen Mütterliches in ihrem Wesen, in Verbindung mit organisatorischen und hausfraulichen Talenten.

Gehörte sie doch - und deswegen habe ich sie hier in ein paar Strichen festzuhalten versucht - dem Typ „erwerbende Frau" an, der jener Zeit eigen war: mittellos, ohne eigentliche Fachbildung, bis in die vierziger Jahre hinein Haustochter, dann nach dem Tode der Ernährer auf sich selbst gestellt. Nächster Schritt: Großstadt; nächstliegender, weil im Grunde einziger „standesgemäßer" Beruf: Lehrerin. Ob es dann zur Privatschulvorsteherin und damit zur Selbständigkeit reichte, kam auf Umstände und persönliche Tüchtigkeit an. Wer es zu etwas bringen wollte, mußte sich durchzusetzen verstehen, mußte auch finanzielles Geschick besitzen.

Zunächst hatte ich natürlich genug zu tun, mich in die verschiedenen Zweige meiner Tätigkeit einzuarbeiten. Da war in erster Linie der mir unterstellte, eigentlich erst zu schaffende Lehrerinnenkursus. Er war einjährig, zu einer Zeit, wo auch die Lehrerinnenseminare nur zweijährig waren; als diese später dreijährig wurden, fügten wir ein zweites Jahr an. Was ich aus den Lehrerinnenseminaren hervorgehen sah, flößte mir nicht gerade Hochachtung ein. Die ersten Lehrerinnentypen sind einmal so treffend gezeichnet worden, daß ich hier darauf verweisen kann.

„Am Anfang stehen drei Gestalten, alle mehr oder weniger vom Schicksal mitgenommen: erstens die Gouvernante, die ein armes Fräulein aus guter Familie war, und mit ihren paar Töchterschulkenntnissen den Weg der Entsagung durch fremde Häuser zog; zweitens eine Art Anstandsdame in höheren Mädchenbildungsanstalten, die mit Vorsicht zum Unterrichten herangelassen wurde, deren wesentliche Obliegenheit der Aufsichtsdienst war, und schließlich: eine derbe, harmlose Spieltante, Witwe oder ältere Jungfrau, die den kleinen Kindern den Anfang vom Lesen, Schreiben und Rechnen oft mit urwüchsigen Muttertalenten beibrachte, bis sie der sachgemäßeren und geregelteren Obhut der Schule übergeben wurden. Kandidatinnen für alle drei Posten stellte der gebildete Mittelstand, von den Lehrers - und Landpfarrers - bis zu den Töchtern des armen Adels in Scharen! Alle erfüllte das Gefühl, aus tiefsten Herzen dankbar sein zu müssen, daß ihnen das Schicksal und edle Menschen nach gescheiterten Lebenshoffnungen noch vergönnten, sich in bescheidener Weise nützlich zu machen. Alle waren sie mehr oder weniger durchdrungen von der Degradierung des Verdienens und der äußersten Delikatesse und Schamhaftigkeit in Geldangelegenheiten beflissen.

Die ersten Lehrerinnenbildungsanstalten waren auf alle drei Typen eingestellt: auf die Gouvernanten, die pädagogischen Anstandsdamen und die Elementarlehrerin. Jedenfalls war man durchdrungen davon, daß die Frauen nie etwas anderes im Schulwesen sein sollten als ein ‚ergänzendes Glied'. Das Programm eines solchen ersten Lehrerinnenseminars, der Bildungsanstalt für evangelische Gouvernanten in Droyssig, erklärte etwaigen hochfliegenden Begierden seiner Zöglinge gegenüber ausdrücklich ‚alle weitergehenden Hoffnungen für illusorisch'".

Die Zeit, wo jene ersten Typen die einzigen waren, war schon vorüber. Verschwunden waren sie noch nicht. Ich habe sogar noch die pädagogische Anstandsdame im Katharinenstift in Stuttgart ihres Amtes walten sehen; sie durfte dem Lehrer auch noch die Mühe des Heftekorrigierens abnehmen. Immerhin hatte gerade die Entwicklung der Privatschule, auf der zum großen Teil die höhere Mädchenbildung beruhte, die Notwendigkeit der Lehrerin erwiesen, wenn auch zum Teil nur, weil sich die Männer auf die unsichere Anstellung an der Privatschule ungern einließen und aus diesem Grunde den Platz räumten. Aber die Auffassung, daß die Frau in der Schule nur ein Lückenbüßer sei, daß sie - außer vielleicht bei den Kleinen, die ja allerlei mütterliche Dienste verlangten - durchaus entbehrlich sei, war noch die durchgehende. Es hat nicht lange gedauert, daß sich mir während und infolge meiner Tätigkeit an der Schule und der Lehrerinnenbildung die Überzeugung des: „Qu'est ce que le tiers

Etat? Rien. Que doit-il être? Tout" in mein geliebtes Deutsch übertrug: „Was bedeutet die Lehrerin an der Mädchenschule? Nichts. Was muß sie dort bedeuten? Alles."

Gefühl war das von Anfang an. Wenn ich mir eines gleich vorgenommen habe, so war es das: *Unsere* zukünftigen Lehrerinnen sollten mit dem Bewußtsein erfüllt werden, daß sie etwas zu bedeuten haben würden für die Mädchenerziehung; sie sollten nicht mit dem durchbohrenden Gefühl ihres Nichts gegenüber den männlichen Kollegen erfüllt werden, wie das mindestens „stillschweigende" Voraussetzung in den Lehrerinnenseminaren war. Ich habe das weniger ausgesprochen als vorgelebt; die ganze Crainsche Schule, in der nur in den beiden ersten Klassen einige Stunden von Lehrern gegeben wurden, war eine lebendige Darlegung des Gedankens: Mädchen müssen in erster Linie durch Frauen erzogen werden.

˟ Helene Lange, Lebenserinnerungen, Berlin 1927.

„Was wir wollen"

(Einführung der ersten Nummer der Monatsschrift „Die Frau" 1893.)

Die Zeit des *geschlossenen* Widerstandes der deutschen Männer gegen die Frauenbewegung ist vorüber. Wenn wir auch von ungebildeten Lippen des Hohns noch genug hören können über das ernste Streben der Frauen, die für eine vernunftgemäße Befreiung und Förderung ihres Geschlechts eintreten, so stehen doch heute diesen Frauen Männer von hoher Bedeutung zur Seite. Mit Stolz weisen wir auf die Namen derer hin, die wir als Mitarbeiter an unserer Zeitschrift nennen dürfen. Und wir wissen es: Mit dem, was sie in diesen Blättern sagen werden, sprechen sie nicht nur ihre eigenen Überzeugungen aus, sondern hinter ihnen steht noch mancher, der diese Überzeugungen teilt. Denn es wächst die Erkenntnis, daß mit dem Geschick der Frauen das Geschick des Volkes in engster Wechselwirkung steht; daß die Frauenfrage auch eine Männerfrage ist; daß mit dem Sinken des Frauenwerts, mit dem Verschwinden eines veredelnden

Fraueneinflusses ein Sinken des Volkes überhaupt verbunden ist. Es wächst die Erkenntnis, daß eine Erneuerung und Veredelung des Familienlebens, deren unsere Zeit so dringend bedarf, untrennbar verknüpft ist mit einer Vertiefung der Weltanschauung, einer Erweiterung des geistigen Gesichtskreises bei unseren Müttern: das innere Selbständigkeit und das lebendige Gefühl einer hohen Verantwortung allein sie den schwierigen Aufgaben genügen lassen kann, die unsere Zeit ihnen stellt.

Denn unerschüttert steht eins auch in der neuen Zeit: der Gedanke, daß der höchste Beruf der Frau der *Mutterberuf* ist, insofern er den Beruf der Erzieherin des heranwachsenden Geschlechts in sich schließt. Nur törichte oder böswillige Auffassung macht es der Frauenbewegung zum Vorwurf, daß sie die Frau diesem höchsten Beruf entfremden wolle. Aber eben um ihm zu genügen, um dem Ausspruch Goethes zu entsprechen, wonach die vorzügliche Frau die ist, die den Kindern zur Not auch den *Vater* ersetzen kann, eben darum soll eine andere, tiefgründigere Erziehung, eine bessere geistige Ausbildung, eine strengere Gewöhnung zur Pflichterfüllung im Berufsleben oder im Dienst der Allgemeinheit die Frau schulen - bis die Gelegenheit sie *findet*, die sie selbst jetzt nur zu oft in unwürdiger Weise *sucht*. Erst dann wird ihre Wahl frei, wenn beide Möglichkeiten sich ihr darbieten. Was sie auch wählen möge, so wird dies gewählt, nicht bloß als ein Mittel, sich eine Existenz zu sichern, sondern als eine Lebensaufgabe. Und darum werden wir es für eine unserer ersten und wichtigsten Aufgaben halten, in unserer Zeitschrift auf eine Änderung der Mädchenerziehung nach der angedeuteten Richtung hin zu wirken.

Wenn die tüchtige innere und äußere Schulung einerseits der künftigen Gattin und Mutter nottut, so ist sie andererseits den Millionen von Frauen unentbehrlich, die allein im Leben stehen und um der eigenen Befriedigung und um des Unterhalts willen einen Beruf ergreifen. Hier zu helfen, ihnen die Wege zu bahnen durch praktische Ratschläge, mit der Zeit auch durch direkte Stellenachweise, wird eine andere wichtige Angelegenheit für uns sein müssen.

Auf die mancherlei Hemmnisse aber, die der Erreichung dieser äußeren und inneren Selbständigkeit der Frau entgegenstehen, auf die

Unwürdigkeiten, denen sie - vielfach unter „gesetzlichem Schutz" - noch ausgesetzt ist, auf die Vorurteile rein äußerlicher Art, die von vielen Frauen nicht weniger eifrige Pflege erfahren als von Männern, werden wir hinzuweisen und sie nach Kräften zu bekämpfen suchen. Eben nach dieser Richtung hin hoffen wir erfolgreich wirken zu können. Wir hoffen, unter den deutschen Männern der Überzeugung Bahn zu brechen, daß es sich in der Frauenbewegung um einen Fortschritt in der Menschlichkeitsentwicklung handelt. Wir hoffen unter den Frauen die Lauen und Trägen aufzurütteln zu dem Bewußtsein, daß die Frau sich mit etwas anderem auszufüllen hat als dem Tand des Tages, daß es gilt, Kräfte zu sammeln, innerlich zu reifen, aus dem Gattungswesen zur freien Individualität sich zu entwickeln, um dann nach Maßgabe dieser Kräfte auf die Umwelt zu wirken. Für uns Frauen ist diese Zeit eine *große* Zeit, eine Zeit des Wachsens und Werdens. Mögen auch die erwachen, die noch schlummern; mögen die prüfen, die in scheinbarer Vornehmheit sich fernhalten von einer Bewegung, die sie mißverstehen. Nicht um eine unselbständige Nachahmung des Mannes geht es, sondern um die Ausgestaltung der Eigenart der Frau durch freie Entwicklung aller ihrer Fähigkeiten, um sie in vollem Maße nutzbar zu machen für den Dienst der Menschheit. Nur in *diesem* Zeichen werden wir siegen.

„*Nicht das Geschlecht, sondern die Persönlichkeit.*"

(„Die Frau", November 1920.)

Auf der Tagung des deutschen Vereins für das höhere Mädchenschulwesen, die Anfang Oktober in Kassel stattfand, hat Herr Direktor Lenschau sich in einem Vortrag scharf gegen den Anspruch der Lehrerinnen auf Klassen- und Schulleitung im Mädchenschulwesen gewandt.

„Nicht das Geschlecht, sondern die Persönlichkeit müsse entscheiden", an diesem alten, bewährten Grundsatz werde der deutsche Verein auch in Zukunft festhalten. ...

Nun, in diesem Zugeständnis liegt immerhin ein Fortschritt im Verhältnis zu der Meinung, die seinerzeit Herr Professor Lenschau als

Wortführer des Philologenverbandes verlautbarte, als er die Unterstellung von Männern unter weiblicher Leitung deshalb ablehnte, weil ein solcher Zustand das Autoritätsverhältnis des Oberlehrers zu seiner eigenen Ehefrau gefährden könnte. Die Revolution hat also auch bei den Gegnern der weiblichen Leitung einige sanfte Spuren hinterlassen.

„Nicht das Geschlecht, sondern die Persönlichkeit." Das Schlagwort hat einen Nimbus von Sachlichkeit und Gerechtigkeit um sich, der sehr geeignet ist, viele zu blenden. Als allgemeinen Grundsatz der Berufsauslese können wir Frauen ihn uns um so eher gefallen lassen, als er uns gegenüber noch erst sehr kümmerlich durchgeführt ist und wir in „seinem Zeichen" immerhin noch allerhand Siege erkämpfen könnten. Es wird doch vielleicht auch im deutschen Verein für das höhere Mädchenschulwesen niemand behaupten wollen, daß die Schulleitung bisher nach Maßgabe der vorhandenen geeigneten Persönlichkeiten ohne Rücksicht auf das Geschlecht besetzt ist. Die Tatsache, daß kaum ein Dutzend öffentlicher Lyzeen in ganz Deutschland unter weiblicher Leitung stehen, dürfte wohl auch die naivste Überheblichkeit nicht aus dem Umstand erklären, daß mehr geeignete Persönlichkeiten nun einmal leider unter den Oberlehrerinnen nicht zu finden gewesen seien.

Es würde also zunächst der Satz „nicht das Geschlecht, sondern die Persönlichkeit" den Einfluß der Frauen auf die Mädchenbildung sehr erheblich erweitern können, wollte man ihn nur ernsthaft durchführen.

Das darf uns trotzdem nicht dazu verleiten, unser Ziel an der Mädchenschule diesem Satz anzuvertrauen. Die Persönlichkeit, nicht nach dem Grade, aber nach dem *Wesen* ihrer Eignung wird eben doch durch das Geschlecht mitbestimmt. Im Geschlecht als solchem liegt unter Umständen das Wesentliche der Eignung beschlossen. Es ist sehr merkwürdig, daß gerade in den Kreisen, in denen sonst mit der „weiblichen Eigenart" sehr stark operiert wird, diese Tatsache plötzlich ausgeschaltet, wenn sich *Ansprüche* der Frauen daraus ableiten lassen. Im Geschlecht liegt das Wesentliche der Eignung für die Erziehung von Mädchen beschlossen, und darum gehört *prinzipiell* Klassenführung und Schulleitung an Mädchenschulen in weibliche

Hand. Daran kann die Tatsache, daß auch Männer geeignete Erzieherpersönlichkeiten für Mädchen sein *können*, nichts ändern, ebensowenig wie der Umstand, daß Lehrerinnen manchmal ausgezeichnet mit Knaben umgehen können, an der Durchführung des gleichen Prinzips in den Knabenschulen etwas ändert. Die Erziehung von Kindern zu der in ihnen angelegten seelischen Form bedingt nun einmal eine Fühlung, die nur das eigene Geschlecht gibt. Darum, so notwendig die Einwirkung von Lehrerpersönlichkeiten des anderen Geschlechts bei Knaben *und* Mädchen ist, für gewisse zentrale Erziehungsaufgaben ist die Geschlechtsgleichheit einfach Bedingung. Es gibt Gebiete des seelischen - und körperlichen - Lebens, auf denen der Lehrer das Mädchen so wenig führen kann wie die Lehrerin den Knaben.

Leider lassen sich auch Lehrerinnen durch die Scheingerechtigkeit des von dem deutschen Verein vertretenen Ausleseprinzips blenden. Sie bedenken gar nicht, was sie eigentlich damit zugestehen. Es klingt so plausibel, daß, wenn ein tüchtiger Mann und eine wenig tüchtige Frau sich um eine Schulleitung bewerben, es doch richtig sei, den tüchtigen Mann zu nehmen. Nein, richtig ist, nach der tüchtigen *Frau zu suchen. Es muß sie geben.* Es sei denn, daß die Lehrerinnen als Gesamtheit nicht imstande seien, die für die Mädchenbildung notwendige Zahl von Leiterinnen zu stellen. Wenn man das annimmt, dann allerdings soll man sich auf das Prinzip der „geeigneten Persönlichkeit" zurückziehen. Dann braucht man es. Wenn man aber der Meinung ist, daß die erziehliche Leistungsfähigkeit der Lehrerinnen den Ansprüchen an leitende Stellungen gewachsen ist, dann sage man ruhig: Die Leitung gehört prinzipiell der Frau. Für jeden Mann, dem wir die Eignung zusprechen, findet sich eine Frau, die um soviel höher geeignet ist, *weil sie Frau ist.*

Die „Gelbe Broschüre"

Die höhere Mädchenschule und ihre Bestimmung.

Begleitschrift
zu einer Petition an das preußische Unterrichtsministerium
und das preußische Abgeordnetenhaus.

Als man über die für die innere Organisation der höheren Mädchenschulen maßgebenden Grundsätze ins Klare gekommen zu sein glaubte, kam im Jahre 1872 auf Veranlassung von Dr. G. Kreyenberg in Iserlohn eine Versammlung deutscher Mädchenschulpädagogen in Weimar zustande, welche in einer *Denkschrift* das Ziel der höheren Mädchenschule festzustellen suchte. Sie bestimmt in These II dieses Ziel folgendermaßen: „Die höhere Mädchenschule hat die Bestimmung, der heranwachsenden weiblichen Jugend die ihr zukommende Teilnahme an der *„allgemeinen Geistesbildung"* zu ermöglichen, welche auch die allgemeine Bildungsaufgabe der höheren Schulen für Knaben und Jünglinge, also der Gymnasien und Realschule ist; nicht aber in einer unselbständigen Nachahmung dieser Anstalten, sondern in einer Organisation, welche auf die Natur und Lebensbestimmung des Weibes Rücksicht nimmt, ist die Zukunft der Mädchenschule zu suchen." Gegen diese Festsetzung wird niemand etwas einzuwenden haben, aber sie ist lediglich *formaler* Art, und es kommt jetzt alles darauf an, wie man „Natur und Lebensbestimmung des Weibes" auffaßt. Die Denkschrift spricht sich über diesen wichtigsten Punkt auffallenderweise in keiner besonderen These aus, aber die Motivierung der oben angeführten These II läßt über die Auffassung der Weimarer Versammlung keinen Zweifel. „Es gilt", so heißt es hier weiter, „dem Weibe eine der Geistesbildung des Mannes in der Allgemeinheit der Art und der Interessen ebenbürtige Bildung zu ermöglichen, *damit der deutsche Mann nicht durch die geistige Kurzsichtigkeit und Engherzigkeit seiner Frau an dem häuslichen*

Herde gelangweilt und in seiner Hingabe an höhere Interessen gelähmt werde, daß ihm vielmehr das Weib mit Verständnis dieser
Interessen und der Wärme des Gefühles für dieselben zur Seite
stehe." Die Frau soll gebildet werden, damit der deutsche Mann
nicht gelangweilt werde! Das erinnert zu stark an das Rousseausche
„la femme est faite spécialement pour plaire à l'homme", um nicht bei
der würdigen Ansicht, die wir im ganzen in Deutschland von Erzie-
hungsfragen und Menschenbildung haben, starken Anstoß zu erre-
gen. Mit dieser Motivierung steht These III der Weimarer Denkschrift : „Die höhere Mädchenschule hat eine harmonische Ausbildung der Intellektualität, des Gemütes und des Willens in religiös-
nationalem Sinne auf realistisch-ästhetischer Grundlage anzustre-
ben", dem würden wir sonst in vollem Maße zustimmen, die Frau jedoch zu einer „edlen Persönlichkeit" herauszubilden, ist bei solcher
Auffassung absolut unausführbar. Wie kann man von einer harmonischen Ausbildung sprechen, wenn man derselben einen so einseitigen
Zweck zuweist, wenn man die Persönlichkeit nicht um ihrer selbst
willen ausbildet. Solange die Frau nicht um *ihrer selbst willen, als*
Mensch und zum Menschen schlechtweg gebildet wird, solange sie im
Anschluß an Rousseau nur des Mannes wegen erzogen werden soll,
solange konsequenterweise die geistig unselbständige Frau die beste
ist, da sie am ersten Garantie dafür bietet, den Interessen ihres zukünftigen Mannes „Wärme des Gefühls" entgegenzubringen, solange wird es mit der deutschen Frauenbildung nicht anders werden.
Das wird nun vielen Männern als kein großer Schaden erscheinen,
wenn nur ihr Behagen dabei gesichert ist.
Aber so liegt die Sache nicht. Auch um die Frauen handelt es sich: *In*
ihrem Geschick liegt das der werdenden Generation beschlossen, und
mit diesem Wort ist die große Kulturaufgabe der Frau gegeben, die
an Größe und Schönheit in nichts hinter der des Mannes zurück-
steht, und die wir nicht mit der seinen vertauschen möchten. Während der Mann die äußere Welt erforscht und umgestaltet, sie nach
seinem Sinn und Willen modelt, Zeit, Raum und Stoff zu zwingen
versucht, liegt vorzugsweise in unserer Hand die *Erziehung der wer-*
denden Menschlichkeit: die Pflege der edlen Eigenschaften, die den
Menschen zum Menschen machen: Sittlichkeit, Liebe, Gottesfurcht.

Wir sollen im Kinde die „Welt des Gemüts" anbauen, sollen es lehren, die Dinge in ihrem rechten Wert zu erkennen, das Göttliche höher zu achten als das Zeitliche, das Sittliche höher als das Sinnliche; wir sollen es aber auch denken und handeln lehren.

Glaubt man denn wirklich, für die Erfüllung dieser Aufgabe sei die Bildung, welche die Schule unseren Mädchen gibt, die geeignete Vorbereitung? Diese Bildung läßt innerlich haltlos und unselbständig. Der Erzieherberuf aber fordert eine *sittlich* und *geistig selbständige Persönlichkeit.*

Wir fassen zusammen: „Wie das Menschengeschlecht die Aufgabe *seiner* Bildung aus der Hand der Natur in seine Hand nehmen muß, wenn es seine Bestimmung erreichen soll, so muß das weibliche Geschlecht die Aufgabe *seiner* Bildung aus der Hand der Männer in seine eigene nehmen, um seine Bestimmung zu erreichen." Damit ist nicht gesagt, daß wir auf die Mitwirkung der Lehrer an der Mädchenschule verzichten wollen; wir verwahren uns ausdrücklich gegen eine Unterstellung dieser Art; wir wollen den Männern sogar noch mehr Anteil am wissenschaftlichen Unterricht der Mädchen einräumen als sie uns. Der *Erziehung* wegen wollten wir einen Anteil am Unterricht haben; daraus folgt, daß in den Fächern, in welchen die erziehliche Wirkung nicht an eine besondere *Eigenart der Behandlung* gebunden ist, der Unterricht ebensowohl von einem Manne erteilt werden kann. Ja, wir sind der Meinung, daß da, wo es sich rein oder vorzugsweise um *Verstandeskultur* handelt, in Grammatik, Rechnen, Naturwissenschaften, Geographie der Mann besser am Platz ist als die Frau, die Fächer, in denen erzogen, und zwar nicht nur im Weibe der *Mensch*, sondern auch das *Weibliche* erzogen werden soll, gehören eben darum *nur* in die Hand der Frau. Vor allen Dingen aber gebührt *ihr* die Klassen- und Schulleitung; es gebührt *ihr* in der Leitung *ihres eigenen Geschlechts die erste und nicht die vierte Stelle* zuzuweisen.: diese erste Stelle wird ihr - wenn auch in noch so ferner Zukunft -, einmal werden, und muß ihr werden, wenn tüchtige Frauen von seiner Empfindung und weiblicher Sitte, von tatbereiter Menschenliebe erzogen werden sollen.

Lebensbilanz

Als alte Frau, die am Ausgang des Lebens steht, hätte ich keine Veranlassung, ein Hehl daraus zu machen, wenn ich selbst in meinem lebenslangen Kampf gegen von Männern geschaffene Einrichtungen so etwas wie „Männerfeindschaft" empfunden hätte. Nicht einmal den „Antifeministen" gegenüber bin ich mir des Aufwandes eines so intensiven Gefühls je bewußt geworden. Wenn ich tatsächlich ein paarmal ein der Feindschaft verwandtes Gefühl gegen Menschen empfunden habe, so hat es dieser oder jener Frau gegolten, die, auf Weibcheninstinkte angewiesen, vom Ehrgeiz verlockt in die große Ideenbewegung der Frauen eintrat und sie durch ihre Mätzchen degradierte.

Aber wenn ich mir bewußt bin, mit Männern vielfach in guter Kameradschaft und unter gegenseitiger Anerkennung gearbeitet zu haben, so habe ich den von ihrem Geschlecht geschaffenen Einrichtungen, wo sie mir als Kulturhemmnis erschienen, ehrlichste Feindschaft entgegengebracht. Und so steht es mit den meisten aufrichtigen „Frauenrechtlerinnen", die mir bekannt sind.

Es ist ein Stück naiver männlicher Eitelkeit, *ihre* Welt für die beste der Welten, für die einzig mögliche Welt zu halten. Frauen, die daran zu rütteln wagen, die insbesondere die Herrenstellung und Herrenmoral des Mannes anzugreifen wagen, erscheinen ihm als persönliche Feinde. Dies Odium muß jede Frau auf sich nehmen, die jene zwingende Verpflichtung fühlt, aus der Welt des Hasses, des Krieges aller gegen alle, der Zerstörung, eine Welt zu machen, in die die Frau *ihre* Güter trägt: die Liebe, die Achtung vor dem Seelischen, die Pflege und Schonung des einzelnen Lebens. Eine Welt, unvollkommen wie alles Menschliche. Der Weg dahin geht *nur* durch Kampf.

Literatur:

Lange, Helene: Lebenserinnerungen, Berlin 1927.
Dies., Kampfzeiten. Aufsätze und Reden aus vier Jahrzehnten, Bd. 1 u. 2, Berlin 1928.

Dr. Ursula Rabe-Kleberg

„Besser gebildet und doch nicht gleich"
Erziehung, Beruf und Geschlecht - Frauen und Bildung in der Arbeitsgesellschaft

„Die Zukunft ist uns noch alles schuldig!" Mit diesem Satz von Helene Lange will ich beginnen. Unsere Gegenwart ist ein Teil dieser Zukunft. Fragen will ich, was erreicht wurde von dem, was Helene Lange gefordert hat - aber auch, was verloren ging.

Noch nie gab es so viele gebildete Frauen wie heute - somit ist der Hoffnung und der politischen Arbeit Helene Langes Erfolg beschieden. Der Satz muß aber fortgeführt werden: ...und noch nie waren die gesellschaftlichen Chancen im Verhältnis dazu so schlecht wie heute.

Damit bin ich - sozusagen mit einem Satz - mitten hinein in das hier heute zu behandelnde Problem gesprungen. „Besser gebildet und doch nicht gleich!" Ich habe Bildung ins Verhältnis gesetzt, in ein Spannungsverhältnis, zur Frage der Ungleichheit zwischen den Geschlechtern zum einen und der Verteilung von Chancen in der Gesellschaft zum anderen. In unserer Arbeitsgesellschaft hängen diese in erster Linie von den Chancen im Beruf ab. Das so entstehende Dreiecksverhältnis zwischen Bildung, Geschlecht und Arbeit steht im Zentrum meiner folgenden Ausführungen.

1. Zunächst möchte ich auf den Begriff Geschlechterverhältnis eingehen und eine These entwickeln über die Rolle von Bildung bei der Veränderung dieses gesellschaftlichen Verhältnisses.

2. Dann möchte ich überlegen, was der Verlust der Illusion, daß gleiche Bildung auch gleiche Chancen eröffnen könnten, für das Verhältnis von Frauen zur Bildung bedeuten mag.

3. Im letzten Abschnitt möchte ich dann überlegen, in welcher Weise Bildung und Arbeit auch für Frauen in ein geordnetes, vernünftiges Verhältnis kommen können.

1. Zum ersten Punkt: dem Geschlechterverhältnis und der gesellschaftlichen Ungleichheit.

Seit Mitte des 19. Jahrhunderts hat sich Gesellschaftspolitik und Gesellschaftstheorie mit der Frage sozialer Ungleichheit in der Gesellschaft, kurz der Klassenfrage, beschäftigt. Niemand wird behaupten, daß diese Frage bis heute befriedigend beantwortet oder gesellschaftlich gelöst wäre, vielmehr wird sie immer wieder neu formuliert.

Zunehmend wird die Frage der sozialen Ungleichheit auch unter der Kategorie des Geschlechterverhältnisses gestellt und damit zusätzlich verkompliziert.

Einem Verständnis nämlich, das Verhältnis zwischen den Geschlechtern sei biologisch weitgehend festgelegt oder ein gesellschaftlicher Kompromiß, in dem divergierende Interessen halbwegs zufriedenstellend ausgehandelt worden seien, ist längst die Basis entzogen. Ähnlich wie in Zukunft der „Vertrag" zwischen den Generationen neu gestaltet werden muß, so bedarf auch dieser sog. „Kompromiß zwischen den Geschlechtern" einer grundlegend neuen Form. Dies schon deshalb, weil auf der Seite der Frauen dieser Kompromiß längst nicht mehr ertragen wird, obwohl die Frauen weiterhin die sozialen Kosten haben.

Frauen haben sich über die in diesem traditionellen Verhältnis gesetzten Grenzen hinausbewegt. Dabei haben sie entdeckt, daß es sich bei diesem angeblichen „Kompromiß" um ein Macht-, auch um ein Gewaltverhältnis handelt. Der Kompromiß über das Geschlechterverhältnis ist - einseitig - aufgekündigt, dahinter zurückzufallen ist - mir zumindest - unvorstellbar. Aber es ist durchaus nicht in Sicht, wo die Linien eines neu zu gestaltenden gesellschaftlichen Geschlechterverhältnisses liegen werden, das so strukturiert ist, daß es den Frauen nicht weiterhin diese das Weib so sehr „zierende" Bescheidenheit gegenüber ihren Lebenschancen abverlangt.

Hierzu ist folgendes zu beachten: Die gesellschaftliche Ordnung des Geschlechterverhältnisses basiert auf dem stark vereinfachenden kulturellen Muster, daß es zwei - und nur zwei - Geschlechter gebe, die eindeutig zu differenzieren sind. Eine Erfahrung: Es löst Unbehagen aus, wenn wir einen erwachsenen Menschen nicht auf den ersten Blick als Mann oder Frau identifizieren können. Solche androgynen

Erscheinungen lassen wir höchstens auf der Bühne zu, im gesellschaftlichen Alltag wird dies negativ sanktioniert.

Dies wäre ja vielleicht nicht weiter schlimm, wenn die Vorstellung von der Differenz der Geschlechter nicht wesentlich auf der Ungleichgewichtigkeit zwischen dem männlichen und dem weiblichen Geschlecht beruhen würde. Dabei ist es nahezu gleichgültig, ob das eine, in der Regel das weibliche, Geschlecht im Verhältnis zum männlichen komplementär, komparativ oder sogar idealisiert definiert wird. Wesentlich ist bei dieser sozialen Definition von Geschlecht, daß die Teilhabe an Kultur und Gesellschaft, Beruf und Familie in je unterschiedlicher Weise in der Konsequenz zuungunsten des einen Geschlechts vorgegeben ist.

Auch wenn sich die einzelnen Individuen darum bemühen, eindeutige Identifizierungen als Mann oder Frau durch ihr Aussehen und durch ihr Handeln nahezulegen, und damit der Kategorie Geschlecht der Schein des Natürlichen anhaftet, muß die Kategorie Geschlecht als gesellschaftlich, als Strukturkategorie verstanden werden. Das hat logische Folgen: Geschlecht ist somit nicht ein Ensemble von Merkmalen, die ein Mensch hat, und das durch Bildungsprozesse in der einen oder anderen Weise beeinflußt werden kann, sondern eine Kategorie, in die die sozialen Strukturzusammenhänge in ihrer Gesamtheit mit eingehen. Oder anders herum: Alle sozialen Bedingungen wirken sich für Frau und Mann unterschiedlich aus und können von Frau und Mann nur in unterschiedlicher Weise beeinflußt werden.

Auf diesem Hintergrund können wir unter dem Geschlechterverhältnis dreierlei verstehen, das immer und gleichzeitig gilt:

1. Das ist Mann und Frau, die ein Verhältnis haben, ein privates, intimes Verhältnis von zwei Individuen unterschiedlichen Geschlechts.

2. Es ist die Aufteilung der insgesamt in der Gesellschaft zu erbringenden Arbeit nach dem Geschlecht. Welche Arbeit welches Geschlecht in einer Gesellschaft zu erbringen hat, ist - das ist jetzt wohl deutlich geworden - weder biologisch festgelegt noch historisch zufällig entstanden. Das heutige Geschlechterverhältnis ist Ergebnis eines konkret zu rekonstruierenden gesellschaftlichen Prozesses, Resultat der Durchsetzung von Interessen, also...

3. ...von Macht. Auf dieser letzten, im engeren Sinne politischen Ebene war historisch vor allem die Aufteilung der sozialen Welt in eine private und in eine öffentliche sowie die Verteilung dieser Welten auf die beiden Geschlechter der erfolgreichste Versuch, das überkommene Geschlechterverhältnis als gesellschaftliche Struktur durchzusetzen.

Meine These ist nun, daß dieses Geschlechterverhältnis auf allen drei Ebenen erodiert - und zwar wesentlich vorwärtsgetrieben durch das soziale Handeln von Frauen.

Diese Veränderungen des Geschlechterverhältnisses mögen auf den drei Ebenen unterschiedlich schnell verlaufen, wesentlich für unsere Betrachtung ist, daß der Zusammenhang zwischen den Ebenen im Auge behalten wird. Während nämlich Männer es - für sich - immer wieder schaffen, diese drei Ebenen des Geschlechterverhältnisses einzeln zu betrachten, ja, die Ebenen sozusagen gegeneinander zu argumentieren - ist es gerade eine wesentliche „Entdeckung" der Frauenforschung, daß es das Zusammenwirken von Ehe und Familie, Arbeit und Beruf sowie Politik - um die drei Ebenen einmal so zu fassen - ist, das Frauen die Überwindung der traditionellen Geschlechterbegrenzungen für ihr Handeln so schwierig macht.

Als zentrale Kategorie der Veränderung des Geschlechterverhältnisses stellt sich für mich die Arbeit dar. Veränderungen auf dieser „mittleren", ja „vermittelnden" Ebene wirken sich auf Ehe und Familie zum einen und Politik zum anderen aus:

Empirisch stellt sich in unserer heutigen Gesellschaft Arbeit und vor allem die Verteilung von Arbeit so dar, daß Männer von nahezu allen reproduktiven Arbeiten, in der Regel unzulässig vereinfacht Hausarbeit genannt, befreit sind. Diese Arbeiten werden zum übergroßen Anteil von Frauen erbracht. Hierdurch sind Männer befähigt, physisch und psychisch unterstützt von ihren Frauen, ihre gesamte Arbeitskraft auf dem Arbeitsmarkt zur Verfügung zu stellen. Diese Form der Befreiung des Lohnarbeiters bleibt bei Marx unerwähnt, muß aber als drittes, für mich wesentliches Moment auch und gerade für die Konstituierung von Arbeit und Beruf und damit letztlich auch der Arbeitsgesellschaft gesehen werden. Unser Verständnis von Erwerbskraft beruht nämlich darauf, daß der Mann seine gesamte

Arbeitskraft einbringen kann. Dies ist aber nur möglich, weil die gesamte Arbeit zur Reproduktion seiner Arbeitskraft von anderen erledigt wird. Und es folgt daraus, daß Lohnarbeit somit nur verstanden werden wird als gereinigt von allen Beimischungen und abgespalten von anderen Formen der Arbeit.

Was ein solches, immer noch herrschendes Verständnis von Arbeit für Frauen bedeutet, wird deutlich: Nicht nur verschwinden ganze Teile der von ihnen erbrachten Arbeit im Prozeß und erscheinen erst wieder in der Form männlicher Arbeitskraft, wenn sie sozusagen das Geschlecht gewechselt haben. Auch steht die weibliche Lohnarbeit immer in dem Ruch, eben nicht diese gereinigte Form von Lohnarbeit zu sein. So wird z.B. angenommen, daß Arbeit von Frauen in z.B. pflegenden sozialen Berufen nicht auf beruflichen Qualifikationen beruhe, sondern mindestens z.T. auch auf Fähigkeiten, über die jede Frau verfüge.

Erwerbsarbeit aber ist zudem nicht die einzige Form der Arbeit von Frauen. Dies beeinträchtigt (angeblich) ihren kontinuierlichen und reibungslosen Einsatz. Den Frauen fehlt einfach eine Frau zu Hause. Diese Form der gesellschaftlichen Arbeitsverteilung unter den Geschlechtern mit den einschlägigen Nachteilen für Frauen ist heute in eine deutliche Akzeptanz- und damit Legitimationskrise geraten. Auswirkungen dieser Krise sehen wir deutlich in Ehe und Familie zum einen und Politik zum anderen.

Daß diese Krise erst heute - und auch erst in Ansätzen - zu beobachten ist, ist erklärungsbedürftig. Wie also kann es sein, daß die überkommene Form der Arbeitsteilung als Basis des traditionellen Geschlechterverhältnisses gerade heute in eine Krise geraten konnte, wo wir uns doch in einer Situation befinden, in der sich angesichts von Arbeitsmarktrestriktionen alle Hoffnungen auf eine harmonische, sozusagen strukturimmanente Veränderung gesellschaftlicher Verteilung der Arbeit auf die Geschlechter als Illusion erweisen müssen?

Ich möchte hier Bildung als die Kategorie einführen, die bei der Gestaltung des Geschlechterverhältnisses eine wesentliche Rolle spielt, und zwar, das ist die These, bei der historischen Verfestigung der Arbeitsteilung zwischen den Geschlechtern ebenso wie bei ihrem Gegenteil der aktuell zu konstatierenden - Verflüssigung auch solcher

Strukturen, die, wie das Geschlechterverhältnis bislang als nahezu unveränderlich gedacht wurden.

Ich komme damit zum zweiten Punkt: ...

...bei dem ich über eine spezifisch weibliche Bildungsillusion sprechen möchte, nämlich die Illusion, daß gleiche Bildung auch für Frauen gleiche Chancen bedeute. Und ich möchte weiterhin fragen, was es für das Verhältnis von Frauen zur Bildung bedeutet, daß Frauen in den letzten hundert Jahren zwar mehr Bildung, aber kaum mehr Macht bekommen haben.

Es ist einer besonderen deutschen Denk- und Geistestradition geschuldet, daß der Anspruch auf politische Freiheit und Mündigkeit dem Menschen nicht unmittelbar zugeordnet wird, also auf der Basis einer naturrechtlich verstandenen Gleichheit, sondern daß der Mensch erst durch seine Subjektwerdung diesen Anspruch auf Mündigkeit, Freiheit und Gleichheit erringen muß. Autonomie und Mündigkeit sind dabei zunächst Kategorien des Denkens, also der Bildung, richten sich aber konsequenterweise gegen alle unangemessenen Verhältnisse, gesellschaftlichen Beschränkungen und Bornierungen der Ausübung von Vernunft, also auch gegen Klassenschranken und Privilegien.

Gilt dies - und bis heute ist „Bildung" die wichtigste Legitimation für die unterschiedliche Verteilung von gesellschaftlichen Chancen -, so muß der Ausschluß von Bildung, sei es für einzelne Individuen, sei es für ganze Gruppen, begründet werden. So überrascht es nicht, daß die Geschichte der Bildung, bis hin zur Bildungsreform der 70er Jahre, durchgängig von der Frage nach dem Verhältnis von Bildung und Klasse beherrscht wird. Von der bürgerlichen Frauenbewegung ist diese Frage auch auf das Verhältnis von Bildung und Geschlecht angewandt worden, allerdings in einer Weise, die uns zu denken geben sollte:

Bereits die theoretische Konstruktion eines Subjekts, das zu vernünftigem Handeln herangebildet werden kann, ging nicht von dem Menschen als allgemeinem Gattungswesen aus, sondern vom Mann. Die deutsche Bildungstradition ruht auf der polaren Geschlechtertheorie. Für die Frauen war dabei lediglich der Teil der gesellschaftlichen Realität vorgesehen, der als privat definiert war. Hier wurde sie zum Mann ins Verhältnis gesetzt, aus der Öffentlichkeit ausgegrenzt, und blieb - „Teil der Natur". Sie war damit geradezu als Negation des bürgerlichen Individuums aus der Gesellschaft wegdefiniert. Die ihr nun noch zukommende, bruchstückhafte und bornierte Bildung soll sie nicht aus diesem - doch sicher auch unangemessenen Verhältnis befreien und zum handelnden Subjekt werden lassen - sondern in ihren Fähigkeiten, den Mann zu komplettieren, perfektionieren. Eine solche Bildung ist und macht nicht gleich, sondern anders.

Die Frauenbewegung in den bürgerlichen Gesellschaften des 19. Jahrhunderts und der Jahrhundertwende haben sich als bürgerlich erwiesen, die deutsche aber auch als deutsch. Während die englische, französische und amerikanische Frauenbewegung ihre Emanzipationsvorstellungen im wesentlichen auf der Gleichheitsforderung des Naturrechts aufbauten und Bildung als ihr „gutes Recht" ansahen, gingen die deutschen Frauen davon aus, daß sie sich erst durch Bildung für die Teilhabe an Gesellschaft als würdig erweisen könnten und auch dies nur in spezifisch weiblicher, eben eher bescheidener Weise. Hier finden wir auch bei den Frauen das bis heute gültige und wirksame Legitimationsmuster, daß Bildung verlangt wird, wo Recht stehen müßte. Das hat leider oft die Konsequenz, daß Bildung nicht unbedingt zu Recht, also Anspruch auf Status und Position in der Gesellschaft führt.

Auch die bürgerliche Frauenbewegung war historisch dem einen polaren Geschlechterverhältnis verhaftet. Gerade mit der Entwicklung besonderer weiblicher Bildungs- und Berufskonstruktionen kultivierte und stilisierte sie Charaktermerkmale und Fähigkeiten, wie Fürsorglichkeit und Mütterlichkeit, die unter den spezifischen historischen Bedingungen von Ausgrenzung erzwungen entstanden waren, zum allgemeinen Geschlechtscharakter der Frau. Im Gemeinwesen heilt und kompensiert die Frau nach dieser politischen Theorie des Geschlechterverhältnisses, Einseitigkeiten und Schäden der männlich bestimmten Kultur, ohne diese politisch als solche zu thematisieren oder gar auch von den Männern entsprechende Fähigkeiten zu fordern, die dann allgemein menschliche werden könnten.

Bildungstheorie und Bildungsverhalten der deutschen Frauen und ihrer Bewegung stellte also das überkommene Geschlechterverhältnis nicht grundsätzlich in Frage, sondern effektivierte dieses vielmehr.

Dagegen sind - wir machen also jetzt einen historischen Sprung - die Veränderungen des Arbeits- und Bildungsverhaltens von Mädchen und Frauen nach dem 2. Weltkrieg oft als eine stille Revolution bezeichnet worden.

Unbemerkt ist diese Entwicklung wirklich lange geblieben, weil die Bildungsaufstiege von Frauen zunächst individuell und unter hohen biographischen Kosten über zweite, dritte, vierte Bildungswege vollzogen wurden. Die Frauen „sickerten" als einzelne eher durch Assimilieren und Internalisieren in das Bildungs- und Berufssystem ein, gleiche und gemeinsame Bildung mit dem anderen Geschlecht wurde dabei bereits als Garant für gleiche Lebenschancen gesehen. Wo der Aufstieg nicht gelang, galt dies als Zufall oder individuelles Schicksal.

Erst ein Blick zurück auf die Entwicklung der kumulierten Daten und die Unterschiede zwischen den Generationen lassen die vielen veränderten Frauenbiographien als gesellschaftliche Revolution erscheinen.

Still und eigentlich unrevolutionär war diese Revolution vor allem deshalb, weil niemandem etwas weggenommen wurde:

- Zwar haben die Frauen Erwerbsarbeit aufgenommen, diese auch in biographischen Phasen höchster Belastung durch Hausarbeit und Kind behalten, ohne daß aber von vereinzelten oder gar massenhaften Streiks im Bereich privater Reproduktionsarbeit für die alten Eltern, den Mann oder Kinder zu hören gewesen wäre! Ohne aber auch, daß es dort zu Umverteilungen von Arbeit gekommen wäre. Auf der privaten Ebene des Geschlechterverhältnisses also weiterhin alles in Ordnung?

- Zwar sind die Frauen in das Berufsleben eingedrungen, aber sie haben sich bislang beschieden mit den Arbeitsplätzen, die ihnen die Männer übriggelassen haben. Die Grenzen zwischen Männer- und Frauenberufen, zwischen höheren männlichen und niedrigen weiblichen Positionen sind nur vereinzelt überschritten worden. Statistisch sind diese Grenzen eher noch höher geworden.

Dagegen sind Frauen von heute - nein, sagen wir bis gestern - nicht systematisch vorgegangen. Systematisch, das hieße, kollektiv oder zumindest massenhaft, mit einer Anspruchshaltung und einer Vorstellung von der Legitimität ihres Anspruches - d.h. also politisch.

Die Frauen demnach - wie es immer wieder heißt - als „Gewinnerinnen" der Bildungsreform der 70er Jahre zu bezeichnen, ist oberflächlich, ja falsch, vielleicht sogar zynisch:
- Die Aussage ist nur dann richtig, wenn wir auf die Entwicklung der Bildungszertifikate schauen: Frauen haben in allen Bereichen des Bildungssystems bessere Abschlüsse als je zuvor und oft auch als die vergleichbarer Männer.
- Eine solche Aussage ist aber kurzsichtig, weil sie ausblendet, daß bereits lange vor Beginn der 70er Jahre die Nachfrage von Frauen nach Bildung quantitativ bedeutend angestiegen war. Die Bildungsreform hat letztlich nur die Nachfrage der Frauen nach Bildung befriedigt.
- Eine solche Aussage unterscheidet aber auch nicht nach Klassen und Schichten. Mit Ausnahme der Akademikertöchter hatten Mädchen schon lange die besseren und höheren Abschlüsse als ihre jeweiligen „Brüder". Der Nachholbedarf der bürgerlichen Mädchen ist befriedigt worden. Insgesamt hat sich das allgemeine Bildungsniveau der Frauen zwar erhöht, die Zertifikate selbst aber haben eine Entwertung erfahren.

Es bleibt festzuhalten: Bisher waren die Frauen, was ihre Bildung betrifft, weder glückliche Gewinnerinnen noch sonderlich revolutionär. Sie haben ihre Ansprüche nicht politisch formuliert. Sie haben auf einen gesellschaftlichen Automatismus vertraut, der nicht mehr und offensichtlich nie für Frauen funktioniert hat. Gemeint ist die Legitimierung der Verteilung von politischen Status- und Berufspositionen über Bildung, oder anders herum: Es bestand allgemein die Hoffnung, daß der Diskriminierung von Frauen in Politik und Beruf durch entsprechende Bildungsanstrengungen der Frauen der Boden entzogen werden könne.

Diese Hoffnung hat sich in dem Moment als Illusion erwiesen, als nicht nur einzelne Frauen hohe allgemeine Bildungszertifikate erlangt hatten, sondern die Frauen in ihrer Gesamtheit gleiche oder bessere allgemeine, berufliche und akademische Zertifikate vorweisen konnten.

Nun erweisen sich nämlich horizontale und vertikale Segregationsprozesse auf dem Arbeitsmarkt als durchschlagender, denn als gleiche Bildungsabschlüsse oder gar bessere schulische Leistungen.

Heute geht es darum, die Konsequenzen aus den Erkenntnissen über diese „spezifische weibliche Bildungsillusion" zu ziehen. Dazu ist es notwendig, daß Frauen die Vorstellung von einer möglichen „unblutigen", d.h. harmonischen Revolutionierung des Geschlechterverhältnisses aufgeben.

Ich denke allerdings, wir befinden uns heute in einer Situation, in der die polare Geschlechtertheorie keineswegs ausgedient hat. In Alltags- wie in wissenschaftlichen Vorstellungen hat sie weiterhin Geltung. Zum anderen befinden wir uns in einer Situation, in der eine oberflächliche, formale Gleichberechtigung für Frauen, hierzu gehören auch formal gleiche Bildungschancen, offensichtlich unbefriedigend für eine Realisierung von gesellschaftlicher Chancengleichheit geblieben ist, eher noch zu neuen Ungleichheiten geführt hat.

Dabei ist zu beachten, daß diese Erfahrung von Gleichheit, die Ungleichheit produziert, die einen auf ein polares Geschlechterbild zurückweist (zu nennen sind hier Mutterideologien in modernisierter Fassung auf konservativer wie auf feministischer Seite), andererseits aber - und das interessiert hier - auch über die bisherigen Denkmuster für das Verhältnis der Geschlechter hinaus verwiesen. Die polaren Geschlechtertheorien gehen ebenso wie die Vorstellung von einer Angleichung der Geschlechter von einer Identitätslogik aus, die eine Gleichung auf der Ebene von Differenz nicht zuläßt. Alle Versuche, über gleiche Bildung oder gleiche Berufe Gleichheit selbst herzustellen, müssen angesichts der ungleichen sozialen Bedingungen, unter denen Frauen und Männer leben, aber hilflos bleiben. Vielmehr muß versucht werden, das Spannungsverhältnis von geschlechtlicher und sozialer Differenz auf der einen und politischer Gleichheit auf der anderen Seite aufrecht zu erhalten, ohne die Gewichte nach einer der beiden Seiten zu verschieben.

Für Bildung ergeben sich hier drei Aspekte, für die das Verhältnis von Differenz und Gleichheit grundlegend sind:

1. Das „Projekt" der bürgerlichen Frauen-(Bildungs-)Bewegung gegen die institutionelle und organisatorische Begrenzung von Bildung und der Ausgrenzung von Frauen aus der Bildung ist bis heute keineswegs abgeschlossen.

2. Aktuell geht es darum, die Bornierung innerhalb der Bildung gegenüber Inhalten, die sich auf Frauen im besonderen und auf das Geschlechterverhältnis im allgemeinen beziehen, aufzubrechen. Die Lernform, die Ausdruck für die Verkehrung des Männlichen zum Allgemeinen ist, nämlich die Koedukation, wird grundsätzlich in Frage gestellt.

   Diese Auseinandersetzung, die heute von autonomen Frauengruppen und den der Frauenbewegung verbundenen Bildungsforscherinnen geführt wird, stellt den grundlegenden Konsens über Bildungsgleichheit ohne die Betrachtung von geschlechtlicher Differenz in Frage. In welcher Form weibliches Wissen und Wissen über Frauen in Bildungsprozesse eingehen werden, dies ist die Frage, der sich Bildungspolitik heute zu stellen hat.

   Es geht nicht darum, einem Sonderinteresse gerecht zu werden, sondern darum zu hinterfragen, was und wer aus dem Allgemeinen in der Regel herausfällt. Radikale Feministinnen fordern ja sogar, das Allgemeine im Besonderen zu suchen, also z.B. in der Ungleichheit der Geschlechter die Ungleichheit in der Gesellschaft zu erkennen. Ich selbst kann einem solchen Denken einiges abgewinnen.

3. Es muß in Zukunft darum gehen, Nachteile, die Frauen erleiden, als Verletzung von Rechten zu begreifen. Das ist - zumindest für deutsche Verhältnisse - auch heute noch neu und hat weitreichende Folgen. Verletzung von Rechten nämlich ziehen Ansprüche auf Kompensation und Wiedereinsetzung von rechtmäßigen Zuständen nach sich, z.B. alle gleich zu behandeln, von allen das gleiche zu fordern.

   Eine solche „verteilende Gerechtigkeit" ist das Prinzip, das der Vorstellung von Quotierung zugrunde liegt.

   Dies ist aber nur die eine, die erste Seite einer Doppelstrategie:

Eine solche verteilende Gerechtigkeit nämlich setzt Gleichheit voraus. Bei extrem ungleichen Ausgangslagen aber kann Gleichbehandlung kaum zu gerechten Zuständen führen. Gleichheit muß also erst geschaffen werden. Hier nun könnten wir auf die eingangs erwähnte Befreiung der Männer von reproduktiver Arbeit zurückkommen und auf die dadurch entstehende einseitige Belastung des Geschlechterverhältnisses.

Die Frauenfrage wird zwar weiterhin nur von Frauen gestellt und schon gar nicht von Männern beantwortet, muß aber in Zukunft das ganze Geschlechterverhältnis mit einbeziehen, d.h. also auch die Männer. Eine solche Konzeption von Frauenpolitik setzt nicht bei der Bildung oder bei der Arbeit an, sondern beim Verhältnis von Bildung und Arbeit: Nachteile von Frauen in der Arbeit werden nicht mit fehlender oder falscher Bildung bei den Benachteiligten begründet oder anzugehen versucht; jedenfalls nicht nur.

Schluß

Wenn Bildung - eigentlich ganz im Sinne idealistischer Vorstellungen des deutschen Bildungsbürgertums - herausführen soll aus Abhängigkeit und Unmündigkeit, also befähigen soll, Gesellschaft als Subjekt zu gestalten, so muß heute die Überwindung des traditionellen Geschlechterverhältnisses nun mitgedacht werden.

Für das Verhältnis von Frauen und Bildung bedeutet dies, daß Frauen nicht nur alles, sondern mehr als alles wollen.

Sie wollen alles, d.h. das Ganze der Bildung, sie wollen an Bildung gleichberechtigt - als Menschen, wie Helene Lange es gefordert hat - teilhaben. Auf diese Weise wird das Bürgerrecht auf Bildung auch für Bürgerinnen realisiert.

Zum anderen aber wollen sie mehr als alles. Sie wollen als Frauen für sich Bildungsprozesse organisieren und gestalten. Solche Prozesse von Bildung sind keineswegs als Ausgleich für bisher erlittenes Unrecht durch Diskriminierung oder ein notwendiges Nachholen angesichts eines angeblichen Bildungsdefizits zu verstehen. Vielmehr geht es darum, Bildungsprozesse so zu organisieren, daß sie angesichts politischer Differenz und politischer Ungleichheit zwischen den Geschlechtern Raum geben für die Entfaltung politischer Strategien, die Frauen zur Teilgabe an politischer Macht auf allen Ebenen führen können. Es gibt keinerlei Hinweise darauf, daß die Anwesenheit von Männern in solchen Bildungsprozessen hilfreich wäre.

Eine Gesellschaft, in der Frauen gleichberechtigt sind, wird nicht mehr die gleiche sein, zumindest dann, wenn Gleichberechtigung nicht heißt Anpassung an das männliche Geschlecht, sondern Anerkennung von Heterogenität und Differenz.

Eine solche Zukunft hätte uns - das läßt sich in Abwandlung des Mottos von Helene Lange sagen - viel zu bieten!

Literatur:

Bast, Christa: Weibliche Autonomie und Identität. Untersuchungen über das Problem der Mädchenerziehung heute. München 1988
Clemens, Bärbel: Menschenrechte haben kein Geschlecht. Zum Politikverständnis der bürgerlichen Frauenbewegung. Pfaffenweiler 1988
Drechsel, Reiner/Körber, Klaus/Twisselmann, Joachim (Hg.): Ende der Aufklärung? Zu einer Theorie der Bildung. Ergebnisse eines Workshops an der Universität Bremen (= Forschungsreihe des Schwerpunktes Arbeit und Bildung. 6) Bremen 1986
Freyl, Renate: Der lautlose Aufbruch. Frauen in der Wissenschaft. Berlin 1981
Frevert, Ute (Hg.): Bürgerinnen und Bürger. Geschlechterverhältnis im 19. Jahrhundert. Göttingen 1988
Gerhard, Ute/Schwarzer, Alice/Slupik, Vera (Hg.): Auf Kosten der Frauen. Frauenrechte und Sozialstaat. Weinheim 1988
Hausen, Karen: Die Polarisierung der „Geschlechtscharaktere". Eine Spiegelung der Dissoziation von Erwerbs- und Familienleben. In: Conze, Wilhelm (Hg.): Sozialgeschichte der Familie in der Neuzeit Europas. Stuttgart 1976, 336-393
Horstkemper, Marianne: Schule, Geschlecht und Selbstvertrauen. Eine Längsschnittstudie über Mädchensozialisation in der Schule. Weinheim 1987
Neumann, Jens: Entwicklungstendenzen des Bildungswesen der Bundesrepublik Deutschland im Rahmen wirtschaftlicher demographischer Veränderungen. In: Projektgruppe Bildungsunterricht: Bildung in der Bundesrepublik Deutschland. Hamburg 1980, 21-202

Pfarr, Heide M.: Quoten und Grundgesetz. Notwendigkeit und Verfassungsmäßigkeit von Frauenförderung. Baden-Baden 1988

Pfister, Gertrud (Hg.): Zurück zur Mädchenschule? Beiträge zur Koedukation. Pfaffenweiler 1988

Rabe-Kleberg, Ursula: Frauenberufe - Zur Segmentierung der Berufswelt. Bielefeld 1987

Rabe-Kleberg, Ursula: Besser gebildet und doch nicht gleich. Frauen und Bildung in der Arbeitsgesellschaft. Bielefeld 1990.

Schröder, Hannelore (Hg.): Die Frau ist frei geboren. Texte zur Frauenemanzipation. Bd. II: 1870-1918. München 1981

Schulbildung und Gleichberechtigung. Hg. von Annelore Pengel u.a. (= Frauenforschung sichtbar machen). Frankfurt 1987

Spender, Dale: Frauen kommen nicht vor. Frankfurt/M. 1985

Vernave-Skoura, Gella: Girls in Edukation - Women in the Labour Force. In: Schulbildung und Gleichberechtigung. 1987, 49-56

Dr. Marianne Horstkemper

„Zurück zur Mädchenschule?"
Die bildungspolitische Diskussion um Licht und
Schatten der Koedukation

Nach mehr als 100 Jahren Kampf um bessere Bildungsmöglichkeiten
für Mädchen und Frauen gerät etwas in die Diskussion - oder ins
Gerede -, was lange Zeit unbefragt als fortschrittliche Errungen-
schaft galt. Der Titel des Referats greift diese Debatte auf:
Ein verunsicherter Kollege aus dem Bereich der Bildungsforschung
fragte mich zu Beginn dieser Diskussion, die vor etwa fünf Jahren
einsetzte, in einer Mischung von Entgeisterung und Aggressivität:
Was wollt ihr denn nun eigentlich: Die Bildungsbeteiligung der
Mädchen an höherer Bildung ist so hoch wie nie, Mädchen haben
nicht nur gleichgezogen, sondern die Jungen inwischen zahlenmäßig
auf dem Gymnasium sogar überholt, die Zensuren der Mädchen
sind mindestens gleich gut, im Schnitt sogar eher etwas besser. Wenn
überhaupt jemand privilegiert ist, dann doch wohl die Mädchen!
Was bitte ist denn nun noch nicht recht?
Die Beschreibung der Erfolge von Mädchen im allgemeinbildenden
System der Bundesrepublik des Kollegen war soweit korrekt. Was er
nicht erwähnt hatte, was aber mehr und mehr beunruhigend deutlich
wurde, war die Tatsache, daß auf dem Höhepunkt der Ausbildungs-
krise die Mädchen von ihren schulischen Erfolgen beim Übergang in
Ausbildung und Beruf ziemlich wenig hatten. Sie konnten weder
ihre guten Schulabschlüsse noch ihre hervorragenden Noten in der
Konkurrenz um Ausbildungs- und Studienplätze auch in Lebens-
und Berufschancen umsetzen. Sie landeten in den wenig attraktiven
Frauenberufen wie Verkäuferin und Friseurin, die Zahl derer, die ein
Studium aufnahmen, ging wieder zurück, viele Mädchen fanden gar
keine berufliche Ausbildung, sondern wurden in den verschiedensten
schulischen Maßnahmen mit dem Anspruch der Berufsvorbereitung

„geparkt". Oft genug hatten diese eine hauswirtschaftlich-pflegeri-sche Ausrichtung, weil man das „als Frau ja immer brauchen kann". Kurz: Die Türen, die den Mädchen im Bildungsbereich spätestens seit den Reformbestrebungen der 60er Jahre offenstanden, wurden spätestens auf dem Arbeitsmarkt wieder zugeschlagen.

Nun kann man fragen: Was hat das mit Koedukation zu tun? Sind solche Barrieren nicht Fragen der Organisation des Arbeitsmarktes in dieser Gesellschaft, die dort angegangen werden müssen? Kann man es dem Bildungssystem anlasten, wenn die Einstellungen der Arbeitgeber Jungen und Männer offenbar deutlich bevorzugen? Solche Einwände sind berechtigt. Aber nicht zuletzt die Beobachtungen der Art und Weise der Verarbeitung dieser frustrierenden Erfahrungen durch die betroffenen Mädchen war ein Anlaß, genauer die Prozesse zu betrachten und zu analysieren, die innerhalb der Schule stattfinden.

Wie kann das angehen, so fragten sich viele LehrerInnen, daß diese Mädchen, die sich jahrelang selbst als kompetent und leistungsfähig erfahren haben, nicht so sehr mit Wut und Widerstand, sondern eher mit Resignation und Selbstbescheidenheit reagieren? Wie kommt es, daß sie nicht zielsicher und strategisch die zukunftsträchtigen Fächer und Felder anpeilen, sondern diese eigentlich kampflos den Jungen überlassen? Obwohl sie jahrelang in denselben Klassen gesessen, die-selben Inhalte bei denselben Lehrern und Lehrerinnen gelernt ha-ben, entwickeln Jungen und Mädchen offenbar weiterhin jeweils sehr unterschiedliche Vorlieben und halten sich auch für bestimmte Dinge je unterschiedlich kompetent. Wie läßt sich das erklären - und wie soll man das bewerten?

Wenn man vor einem so unerwarteten Ergebnis steht, dann tut man gut daran, sich seiner eigenen Hoffnungen und Erwartungen zu-nächst einmal zu vergewissern. Und damit sind nun nicht nur die je subjektiven Annahmen und Einstellungen der aktuell Handelnden gemeint, sondern diese knüpfen ja an historische Traditionen und Forderungen an: Hat man sich etwas „Falsches" gewünscht? Oder hat man etwas anderes bekommen, als man eigentlich gewollt hat? Lassen Sie mich deshalb aus der heutigen Kontroverse heraus den Blick auf die Auseinandersetzungen um Mädchenbildung und - in diesen größeren Zusammenhang eingebettet - die Koedukation richten und dabei vor allem die folgenden Aspekte näher beleuchten:

- *Welchen Stellenwert hatte die Koedukation bei der Durchsetzung des Zugangs der Mädchen zu formaler Bildung?*
- *Dazu wird zunächst zu prüfen sein, wann beides überhaupt zum Thema wurde und welche Bildungsprozesse in erster Linie davon betroffen waren.*
- *Mit welchen Argumenten und für wen haben Befürworter und Gegner jeweils gestritten? Welche Hoffnungen und Befürchtungen waren und sind dabei im Spiel?*

Der historische Rückblick wird Parallelen, aber auch deutliche Unterschiede zu den heutigen Auseinandersetzungen aufzeigen. Vor allen Dingen soll er verdeutlichen, was die treibenden Kräfte waren, die den zunehmenden Bildungsbemühungen von Mädchen und Frauen zum Erfolg verhalfen. Gleichzeitig kann er aber auch aufzeigen, welche Widerstände und Einbrüche zu überwinden waren.

Vor diesem Hintergrund sollen dann zumindest schlaglichtartig die wichtigsten Kritikpunkte benannt werden, die sich aus der Forschung zur geschlechtsspezifischen Sozialisation in unseren heutigen koedukativen Schulen belegen lassen. Auf unsere gemeinsame Diskussion der daraus zu ziehenden Konsequenzen bin ich schon gespannt.

1. Koedukation in der elementaren Bildung - Geschlechtertrennung in der höheren Bildung

In den Elementarschulen reicht der gemeinsame Unterricht von Mädchen und Knaben zurück bis ins späte Mittelalter. Dies ist den Schulordnungen einzelner Länder oder Städte zu entnehmen, die jedoch offenbar nach Möglichkeit auf innerschulische Trennung hielten: Jedenfalls schlägt eine Gothaische Schulordnung aus dem Jahre 1642 vor, daß die Mägdlein zwar „mit den Knaben zugleich informiert, jedoch nicht unter sie vermengt, sondern absonderlich gesetzt werden" (zit. nach Pfister 1988, S. 16).

Die Unterrichtspflicht wurde in Preußen im Jahr 1717 sowohl für

Jungen wie für Mädchen eingeführt. Dabei verbreitete sich jedoch der faktische Schulbesuch der Mädchen wesentlich langsamer, und bei den älteren Kindern deuten sich dann auch inhaltliche Differenzierungen an. So war z.B. in einer preußischen vierklassigen Kommunal-Armenschule im Jahr 1827 für Mädchen der Oberklasse acht Stunden Handarbeit obligatorisch, andere Fächer wie Deutsch oder Rechnen fielen dafür weitgehend weg. Für Mädchen hielt man die Vermittlung berufsbezogenen Wissens für weniger wichtig als die Gewöhnung an konkrete Arbeit.

Die im Jahr 1872 formulierte „Allgemeine Verfügung über Einrichtung, Aufgabe und Ziel der preußischen Volksschule" hält die Trennung von Jungen und Mädchen in den oberen Klassen im Prinzip für wünschenswert. In zwei- oder dreiklassigen Schulen sollten dagegen die Kinder nach dem Alter, nicht nach dem Geschlecht, getrennt werden, lautet der Vorschlag. Nun war die einklassige Volksschule ohnehin die Regel, insofern besuchten bis zum Ende des 19. Jahrhunderts die überwiegende Mehrheit der Jungen und Mädchen den Unterricht gemeinsam. Im Jahre 1886 waren es in Preußen gut 70 % (zit. nach Pfister 1988, S. 17). Nach dem ersten Weltkrieg nahm dieser Prozentsatz geringfügig ab, und zwar in Stadt und Land sehr unterschiedlich (97 % in kleinen Gemeinden, etwa 30 % in Städten wurden gemeinsam unterrichtet). Das blieb dann eine lange Zeit stabil, auch in der Zeit des Faschismus. Letztlich herrschte in der Koedukationsfrage im Bereich der Elementarbildung Pragmatismus: „Trennung wenn möglich, Koedukation wenn nötig." Schon aus finanziellen Gründen gab es keinen Versuch, die Koedukation abzuschaffen. In den 1939 veröffentlichten Reichsrichtlinien für die Volksschulen hieß es nur, daß nach Möglichkeit dafür gesorgt werden solle, daß „die Mädchen außer in der Leibeserziehung und der Hauswirtschaft auch in der Lebenskunde von den Jungen getrennt unterrichtet werden" (zit. nach Ottweiler 1979 in Pfister 1988, S. 18). Inhaltliche Differenzierungen lassen sich also auch innerhalb der im Prinzip koedukativen Volksschule aufzeigen, die vor allem auf die Ausfüllung unterschiedlicher Geschlechtsrollen zielten: Während Jungen stärker berufsrelevantes Wissen vermittelt wurde, erhielten die Mädchen mehr Unterweisungen für Familien- und unbezahlte

Hausarbeitstätigkeiten. Dies änderte sich auch nach 1945 zunächst nicht, als das Bildungswesen in der Bundesrepublik an die Überlegungen der Weimarer Zeit anknüpfte. Man blieb insofern in traditionellen Geleisen, als Ziele und Inhalte des Unterrichts an dem konservativen Frauenideal der Zeit ausgerichtet waren:

„Erziehung und Unterricht nehmen auf Eigenart und Lebensaufgabe der Geschlechter gebührend Rücksicht. Das Mädchen ist nicht nur Kind, sondern auch Tochter und Schwester; es wird in Zukunft Mutter sein, oder es hat als berufstätige Frau sein Leben fraulich zu gestalten. Daher ist es auf seine wesenhaft weiblichen Anlagen, Kräfte und Aufgaben hin zu bilden" (Richtlinien und Stoffpläne für die Volksschule in Nordrheinwestfalen 1967, zit. nach Conradt/Heckmann-Janz 1985, S. 194 f.).

Erst in der Bildungsreformphase der späten 60er und 70er Jahre wurden solche Festlegungen auf „wesenhaft weibliche Kräfte und Aufgaben" als Benachteiligung und Diskriminierung angegriffen und - mit regional sehr unterschiedlicher Geschwindigkeit - mindestens insofern abzuschaffen getrachtet, daß Stoffpläne, Lehrpläne und Lehrwerke für Jungen und Mädchen vereinheitlicht wurden.

In der - relativ wenig Privilegien vermittelnden - elementaren Bildung waren solche innerschulischen Differenzierungen zwischen den Geschlechtern aber in der Realität wohl wenig ausgeprägt. Die eigentliche Kampfarena der Mädchenbildung - und auch der Debatte um die Koedukation - stellte das Feld der höheren Bildung dar.

Ihren Anfang nahm sie in den im 19. Jahrhundert entstehenden „höheren Töchterschulen", in denen die Töchter der oberen Stände auf ihre „Bestimmung des Weibes zur Gattin, Hausfrau und Mutter" vorbereitet werden sollten. Für sie gab es weder einheitliche Lehrpläne noch staatliche Regelungen über ihre Dauer. Formale Berechtigungen wurden durch den Besuch nicht erworben. Französische Konversation, Malen, Klavierunterricht und Handarbeiten erschienen in der Regel als die für die Bewältigung großbürgerlicher Aufgaben notwendigen Qualifikationen. Wissenschaftliche Betätigung wurde dagegen als unnötig bis schädlich betrachtet.

Von einer gemeinsamen Erziehung von Jungen und Mädchen ist in einem solchen Kontext verständlicherweise nicht die Rede. Daß die

Bürgersöhne sich mit ganz anderen Inhalten (von alten und neuen Sprachen über Philosophie, Mathematik bis zu den zunehmend wichtiger werdenden neuen „Realienfächern") zu beschäftigen hatten, stand außer Frage. Allerdings fanden sich auch erste Gegenstimmen: Eine der ersten englischen Frauenrechtlerinnen, Mary Wollstonecraft (1759-1797), gab zu bedenken, daß eine gute Erziehung der Mädchen der der Jungen entsprechen und mit ihnen gemeinsam erfolgen müsse, weil nur so sich die für das spätere Leben so wichtige gegenseitige Achtung entwickeln könne. Ein weiteres Argument war, daß nicht alle Frauen heiraten. Solche Ausnahmeerscheinungen paßten zwar nicht in das Konzept von „Weib als Gattin, Hausfrau und Mutter", waren aber in ihrer zunehmenden Zahl auch nicht mehr zu übersehen.

Der sich ausweitende Bedarf an Arbeitskräften und nicht zuletzt die Aktivitäten der organisierten Frauenbewegung waren bestimmende Faktoren, die in der zweiten Hälfte des 19. Jahrhunderts und zu Beginn des 20. Jahrhunderts die Kritik und Reform der höheren Mädchenbildung vorantrieben. Das soll nun im nächsten Schritt näher betrachtet werden.

2. Höhere Bildung und die Auseinandersetzung um Gleichartigkeit oder Gleichwertigkeit der Geschlechter

Insbesondere die bürgerliche Frauenbewegung hatte die Erschließung der Schul- und Universitätslaufbahnen für Frauen auf ihre Fahnen geschrieben. Der 1865 gegründete „Allgemeine Deutsche Frauenverein" war Vorreiter im Kampf um das Recht der Frauen auf einen qualifizierten Beruf und auf eine wissenschaftliche Ausbildung - dementsprechend sah er sich denn auch einer breiten Widerstandsfront der „Deutschen Männerwelt von den Christlich-Konservativen bis zu den Liberalen, von den Schwarzen bis zur Mehrheit der Roten" gegenüber. Ziele und Inhalte der Mädchenbildung gerieten jedenfalls heftig in die Diskussion, als Helene Lange im Jahr 1887 ihre „Gelbe Broschüre" *(Die höhere Mädchenschule und ihre Bestimmung)* verfaßte. Sie nahm darin den Kampf auf gegen die - mit ihren Worten

- „*für das deutsche Spießbürgertum unvergleichlich charakteristischen Worte*", die in der berühmten Weimarer Versammlung der Mädchenschulpädagogen (1872) das Ziel weiblicher Bildung so umrissen:

„*Es gilt, dem Weibe eine der Geistesbildung des Mannes in der Allgemeinheit der Art und der Interessen ebenbürtige Bildung zu ermöglichen, damit der deutsche Mann nicht durch die geistige Kurzsichtigkeit und Engherzigkeit seiner Frau an dem häuslichen Herde gelangweilt und in seiner Hingabe an die höheren Interessen gelähmt werde*" (zit. nach Schenk 1981, S. 27 f.).

Gemeinsam mit ihrer Berliner Lehrerinnengruppe überreichte Helene Lange ihre Kritik an den personell und materiell ungenügend ausgestatteten Schulen nebst einer Petition dem preußischen Kultusministerium und dem Abgeordnetenhaus. Die Petition wurde abgelehnt, wie viele vorangegangene auch - aber sie stiftete Unruhe und zog dabei weitere kämpferische Aktivitäten der Frauenbewegung nach sich.

Als Pressure-group fungierte dabei die Gruppe der Mädchenschullehrerinnen, institutionalisiert (seit 1891) im Allgemeinen Deutschen Lehrerinnenverein. Mädchenschullehrerinnen hatten in der damaligen Zeit sozusagen den absoluten Frauenbildungsgipfel erreicht: Ein wissenschaftliches Studium stand ihnen nicht offen, aber ein dem weiblichen Wesen angemessenes - mütterlichkeitsnahes - begrenztes Betätigungsfeld wurde ihnen immerhin geboten. Allerdings waren die Grenzen in der Tat eng gesteckt. Die Lehrerinnen kämpften deshalb zunächst einmal um ihre eigene Qualifizierung, um die Zulassung zum Studium. Solange die Mädchenschulen nicht zur Reifeprüfung führten, war Frauen der Weg zum höheren Lehramt versperrt, der wissenschaftliche Unterricht an höheren Mädchenschulen blieb weitgehend ein Monopol männlicher Lehrkräfte, die im übrigen während der Zeit hoher Lehrerarbeitslosigkeit in den 70er und 80er Jahren große Furcht vor der Konkurrenz dieser Lehrerinnen hatten. Geschürt wurde diese Furcht dadurch, daß die Lehrerinnen argumentierten, gerade um der Weiblichkeit der Schülerinnen willen müßte der Unterricht in den oberen Klassen der Mädchen von Frauen durchgeführt werden. Hier waren handfeste berufsständische Interessen der Frauen im Spiel, die es zunächst aus taktischen Gründen keinesfalls nahelegten, die Koedukation zu befürworten, sondern die Mädchenschulen als Berufsfeld für sich zu erhalten und auszubauen. Es wäre aber verkürzt, den Vertreterinnen des „gemäßigten Flügels" - prominente Vertreterinnen waren Helene Lange, Marianne Weber und Gertrud Bäumer - lediglich eine strategische Argumentation zu unterstellen. Inhaltlich traten sie vehement für die Entwicklung der „weiblichen Eigenart" ein, für eine Aufwertung des weiblichen Kultureinflusses, worunter sie keineswegs die von den Männern beschworene „weibliche Bestimmung" meinten. Dieses „Besondere" ist allerdings schwer zu fassen, der Begriff der „geistigen Mütterlichkeit" spielt eine große Rolle. Zur besonderen Eignung der Frauen für den Lehrberuf führt Helene Lange beispielsweise aus: *„Daß sie dem Mädchen mit ganz anderem Verständnis, mit mehr Liebe und Interesse gegenübersteht als der Mann, daß ihr andere Methoden erziehlicher Einwirkung zu Gebote stehen, ist selbstverständlich. Aber auch in Bezug auf den eigentlichen Unterricht gibt ihr ihre weibliche Art für gewisse Fächer nicht geringe Vorteile über den Mann"* (Lange 1920).

Konsequent erscheint daraus die Forderung nach einer Mädchenschule unter Frauenleitung und ausschlaggebendem Fraueneinfluß in Unterricht und Erziehung unter Mitwirkung männlicher Lehrkräfte (Lange 1920, zit. nach Stoehr 1985, S. 12).

Dem damaligen preußischen Kultusminister Studt erschienen solche Vorstellungen keineswegs gemäßigt. Er befand im Jahre 1902: *„Die Unterrichtsverwaltung kann nicht die Hand bieten, daß aus einer z.T. dem deutschen Wesen gar nicht entsprechenden Agitation der Anlaß genommen werde, durch Einrichtung von Mädchengymnasien ... eine vollständige Umgestaltung der bisherigen Verhältnisse herbeizuführen"* (zit. nach Pfister 1988, S. 20).

Die Frauen hatten inzwischen zur Selbsthilfe gegriffen, sie gründeten ein Frauenprojekt: Helene Lange betrieb die Einrichtung der ersten „Realkurse" für Frauen in Berlin - in der Regel in zehnklassigen Mädchenschulen; sie dauerten drei Jahre. 1896 bestanden die ersten sechs Mädchen extern ihr Abitur.

Nun war die Frauenbewegung alles andere als ein einheitlicher Block. So lehnte denn auch der radikale Flügel der Frauenbewegung das Konzept der Gymnasialkurse ab mit dem Argument, Mädchen seien dadurch nach wie vor gegenüber Jungen benachteiligt. Es handle sich dabei um *„eine Art Schnellpresse, welche auf dem Unterbau der mit Recht so verpönten ‚Höheren Mädchen- oder Töchterschule' den Mädchen in wenigen Jahren die notwendigen Kenntnisse der alten Sprachen und Mathematik für das Abitur einpaukte"*, meinte Lida Gustava Heymann (zit. nach Pfister, S. 22). Der Verband fortschrittlicher Frauenvereine, 1899 gegründet, trat klar für die gemeinsame Erziehung der Geschlechter ein, er forderte die Öffnung aller höheren Bildungsanstalten für Mädchen und die Zulassung der Frauen zu allen Berufsarten.

Eine der entschiedensten Vertreterinnen der Koedukation war Hedwig Dohm (1831-1919), die ihre eigene Schulbildung als sehr defizitär erlebt hatte. Als Beisitzerin des Vereins Frauenwohl, der seinerseits dem Verband Fortschrittlicher Frauenvereine angeschlossen war, vertrat sie die Position:

„Wir aber fordern für das weibliche Kind dieselben Bildungsmöglichkeiten, die dem männlichen Kinde gewährleistet sind. Und wir wollen die gemeinsame Erziehung der Geschlechter. Durch die Trennung der Knaben und Mädchen in der Schule wird von vornherein die Geschlechtsunterschiedlichkeit scharf betont, wird darauf hingewiesen, daß den Knaben anderes - das heißt mehr gebühre, als dem Mädchen. Und damit der Grund gelegt zu der Geringschätzung des Knaben dem Mädchen gegenüber" (Erziehung zum Stimmrecht der Frau, Berlin 1910, zit. nach Pfister, S.197).

Die Frage der Mädchenbildung, so äußert sie sich in der zitierten Schrift, sei durch zwei Worte zu erledigen: Einheitsschule und Koedukation. Pragmatisch führt sie ins Feld: *„Die Konzentration sämtlicher Schulreformbestrebungen auf die einheitlichen Bildungsanstalten - welch ungeheure Ersparnis an Gehirn- und Finanzkräften für die Reformer"* (ebd. S. 198). Die Befürchtungen der Gegner entkräftet sie durch den Hinweis auf amerikanische und finnische Ergebnisse zu der dortigen Gemeinschaftserziehung:

„Günstigere Resultate sind kaum denkbar. Dieselben geistigen Fähigkeiten, dieselben Leistungen, dieselbe körperliche Gesundheit wurden bei beiden Geschlechtern konstatiert ... Die Sorge, daß die höhere Intel-

*ligenz der Knaben durch das mindere Geistesgefüge der Mädchen ge-
hemmt werde, ist durch die amerikanischen Resultate als erledigt zu betrachten"* (ebd. S. 199).

Hinsichtlich der sozialen Aspekte des Miteinanderumgehens geht sie
ironisch auf die Argumente der Koedukationsgegner ein, die eine un-
erwünschte Nivellierung wünschenswerter unterschiedlicher Ge-
schlechtseigenschaften befürchteten:

*„Freilich unter dem Einfluß des Gemeinschaftsunterrichts ist eine Dezi-
mierung der Rüpel zu befürchten, möglicherweise zum Leidwesen der
Väter, die häufig die Rüpeleien ihrer Sprossen als Vorboten starker
Männlichkeit begrüßen."*

Und auch die Sittlichkeit sieht sie nicht in Gefahr:

*„Nirgends in den betreffenden Schulen sind sittliche Schäden zutage ge-
treten. Erfahren die kameradschaftliche Beziehungen der Mädchen und
Knaben ab und zu einen leicht sinnlichen Einschlag - immer noch besser als die gegenstandslosen, erotischen Abirrungen, die ja in der Puber-
tätszeit unvermeidlich scheinen"* (ebd. S. 199).

Die häufig vorgebrachten Argumente zu den „kritischen Tagen" und
der damit verbundenen Schonungsbedürftigkeit der Mädchen findet
sie nicht überzeugend, auch pubertierende Jungen seien reizbar und
nervös. Und auch das Argument, die Knaben könnten durch die eif-
rigen Mädchen ins Hintertreffen geraten, läßt sie nicht gelten:

*„Ach Gott, ja - sie tun mir ja auch herzlich leid, die armen zarten Jun-
gen, des Lobes der strammen Mädchen aber freue ich mich recht von
Herzen."*

Man sieht an ihrer Argumentation deutlich, daß in der historischen
Diskussion die Mädchen als die „Gewinnerinnen" der Koedukation
betrachtet wurden, während gleichzeitig von den Gegnern Schädlichkeit für die Knaben befürchtet wurde. Die Frauen hielten damals
dagegen: Beide Geschlechter und die Gesellschaft insgesamt hätten
nur Nutzen von der Koedukation.

In unserer heutigen Debatte haben sich die Einschätzungen des Nut-
zens also verschoben: Schädlichkeit wird eher für die Mädchen befürchtet, während die eigentlichen Nutznießer die Jungen sind. Und
die Hoffnung auf besseres Verständnis der Geschlechter füreinander
und den Abbau patriarchalischer gesellschaftlicher Strukturen mit-

tels gleicher Bildung hat heute einen massiven Knick bekommen -
aber ich will hier der späteren Diskussion nicht vorgreifen.

So notwendig der Einsatz der Frauenbewegung auch war - hinreichend für eine Durchsetzung der progressiven Forderungen war er nicht, so wenig wie die Bestrebungen fortschrittlicher männlicher Pädagogen. Während Reformpädagogen wie Paul Geheeb und Gustav Wyneken sich in ihren Landerziehungsheimen um praktische Entwicklung und Verwirklichung der Koedukation bemühten, blieb der Antrag des Sozialisten Paul Oestreich auf der Reichsschulkonferenz 1920, Koedukation und Zugang der Mädchen zu allen weiterführenden Bildungseinrichtungen allgemein festzulegen, ohne Erfolg.

Allerdings wurden in den zwanziger Jahren eine Reihe von Versuchsschulen eingerichtet. So wurden etwa in Hamburg allein in den Jahren 1919-1922 insgesamt 12 Versuchsschulen gegründet, die *„wie selbstverständlich mit der gemeinsamen Erziehung der Geschlechter begannen"* *(a. Herzer: Hamburger Lehrerzeitung Nr. 2/1931, S. 22).* Diese durch weitgehende Selbstverwaltung gekennzeichneten Schulen hatten diese Entscheidung im Lehrerkollegium und in der Regel mit Unterstützung der Elternschaft getroffen. Die baulichen Voraussetzungen wurden bewußt von dem Architekten Fritz Schumacher geschaffen, der sich als Verbündeter der Reformer verstand.

Insgesamt konnte aber in keiner Weise die Rede davon sein, daß bahnbrechende Erfolge erzielt worden seien. Nüchtern bilanzieren die Frauen, daß die bescheidenen Erfolge in den Ländern, die Mädchen den Besuch von Knabengymnasien gestattet haben (z.B. Oldenburg, Württemberg, Elsaß, Braunschweig, insgesamt um 1910 mehr als 300 Mädchen) vor allem ökonomische Hintergründe haben. Christiane Mewaldt von Wedel konstatiert:

„Die Gründe für die Einführung des gemeinsamen Unterrichts in diesen Bundesstaaten waren ökonomischer Natur. Es war die billigste Art, der weiblichen Jugend eine höhere Berufsvorbildung zu geben" *(Quelle: Gertrud Bäumer: Der deutsche Frauenkongreß 1912, Leipzig 1912, zit. nach Pfister 1988, S. 205).*

Daß dieser „Notbehelf" seinen Preis hatte, skizziert Alice Rühle-

Gerstel in ihrem 1932 erschienenen Buch „Die Frau und der Kapitalismus":

„Die Frauen um vierzig herum wissen sich noch zu erinnern, wie sie als einzige oder mit noch ein oder zwei Leidensgenossinnen in das Knabengymnasium einzogen, dort allein, abseits von den Jungen in einer eigenen Bank sitzend, mit roten Ohren und verwirrtem Gemüt die schadenfrohe Erwartung der Kameraden und das herablassend-skeptische Wohlwollen des Lehrers in Empfang nahmen" (Rühle-Gerstel 1932, S. 51).

Aber auch die Schulen ihrer Zeit kritisiert sie als „komplette Ausdrucksform der geltenden Geschlechtsideologie" (ebd., S. 49), und das heißt:

„Einordnung der Frauen in jene Position des zweiten Geschlechts, welche ihnen von der derzeitigen Menschenordnung und scheinbar von der Natur zugewiesen ist" (ebd., S. 43).

Und durchaus modern mutet ihre Skepsis gegenüber Koedukation an, die sie im Prinzip befürwortet, in der realisierten Praxis aber für verbesserungswürdig hält:

„Ob die Tatsache des gemeinsamen Schulunterrichts über ihre prinzipiell ideenkämpferische Bedeutung hinaus praktisch einen Ausgleich zwischen den Geschlechtern schaffen könnte, ist fraglich."

Damit nähern wir uns bereits deutlich Positionen, wie sie in der neu aufgeflammten Debatte vertreten werden, nachdem in den 50er und 60er Jahren in völlig unspektakulärer Weise die Koedukation zum Regelfall geworden war. Es gibt kaum eine andere Reform im Bildungswesen, die sich so nahezu unbemerkt und lautlos vollzogen hat.

In seinen 1953 formulierten „Leitsätzen zur Koedukation" unterschied der deutsche Philologenverband zwar zwischen „Koinstruktion" als einer gemeinsamen Erziehung mehr zufälligen Charakters und der Koedukation als bewußt und grundsätzlich vorgenommener gemeinsamer Erziehung von Jungen und Mädchen als pädagogischem Prinzip (Quelle: Die Höhere Schule 6 (1953), S. 115). Er plädierte für reine Knaben- bzw. Mädchenschulen als „Normalform", empfahl aber die Anerkennung der Koedukation „als *eine* mögliche Erziehungsform", wenn nach einer hinreichenden Erprobungsphase

- *sich die Brauchbarkeit dieses Konzepts erwiesen habe,*
- *die notwendigen Voraussetzungen vorlägen (bauliche und lokale Gegebenheiten, entsprechend ausgebildetes und motiviertes Personal) und*
- *wenn die Eltern dies wünschten.*

Eine solch systematische Erprobung fand nicht statt. Gemeinsamer Unterricht von Jungen und Mädchen erschien in der Praxis offenbar den meisten als organisatorische Maßnahme, für den man außer der Schaffung der sanitären Einrichtungen keine weiteren Vorbereitungsmaßnahmen - etwa didaktischer oder curricularer Art - treffen mußte. Die Ausrufung der „Bildungskatastrophe" (durch Edding und Picht) zu Beginn der 60er Jahre rückte andere Themen in den Vordergrund.

Eingangs haben wir schon illustriert, daß gerade die Mädchen (die Kunstfigur des „katholischen Arbeitermädchens vom Lande" war der Prototyp für Bildungsbenachteiligung) von Bildungserwerb und Abbau bisheriger Zugangsbarrieren zu höheren Schulabschlüssen profitierten.

Erst die neue Frauenbewegung führte zu intensiver Beschäftigung mit Fragen geschlechtsspezifischer Sozialisation in der Schule. Die dabei zutage geförderten Erkenntnisse über die trotz formaler Gleichheit fortbestehende massive Benachteiligung der Mädchen mündete in die gegenwärtige Debatte zu den Vor- und Nachteilen der in unseren Schulen praktizierten Form gemeinsamer Erziehung. Die Dimension dieser Benachteiligung will ich hier - wie anfangs schon angekündigt - nur kurz benennen, aber nicht im einzelnen die Ergebnisse empirischer Forschung dazu aufführen. Vielen von Ihnen wird vermutlich Literatur dazu geläufig sein, das Thema hat inzwischen ja Konjunktur. Und in der Diskussion werden wir sicher auch auf solche Erkenntnisse zurückgreifen.

Drei Aspekte fortdauernder Benachteiligung von Mädchen erscheinen mir besonders wichtig:
- Sie werden weniger beachtet, müssen sich stärker um Aufmerksamkeit und Zuwendung der Lehrer und Lehrerinnen bemühen und verinnerlichen die Tugend eigener bescheidener Zurückhaltung ebenso wie den „Überlegenheitsimperativ" der Jungen. Damit

wird die hierarchische Ordnung der Geschlechterverhältnisse als „Normalzustand" erfahren und zementiert (vgl. dazu z.B. Frasch/ Wagner 1982, Enders-Dragässer/Fuchs 1988).

- Stärken und Schwächen werden in Abhängigkeit vom Geschlecht sehr unterschiedlich bewertet: Während von Jungen unabhängiges, Intellekt und Individualität ausdrückendes Verhalten erwartet wird, das man selbst noch dann hinnimmt oder gar akzeptiert, wenn es störend ist, werden von Mädchen eher nicht-intellektuelle soziale Tugenden (wie Fleiß, Ordentlichkeit, Höflichkeit) erwartet, deren Fehlen ihnen schwer angekreidet wird, aus deren Vorhandensein sie aber kaum Kapital schlagen können. Paradoxerweise können sie ihnen teilweise sogar zum Nachteil ausschlagen, indem sie Erfolge weniger als durch intellektuelle Fähigkeit zustandegekommen erscheinen lassen können. Bei Mißerfolgen können sie aufgrund solcher Tugenden auch viel weniger als Jungen auf die Interpretation zurückgreifen: „Ich könnte, wenn ich mir nur Mühe geben würde!"
Im Ergebnis führt das zu geschlechtsspezifisch sehr unterschiedlichen Verarbeitungsmustern von Erfolg und Mißerfolg, die sich dann niederschlägt in geringerem Selbstvertrauen der Mädchen (vgl. dazu Horstkemper 1987).

- Das in der Schule vermittelte Wissen ist sehr stark männlich geprägtes Wissen. Mädchen und Frauen werden mit ihren Interessen, Erfahrungen und Leistungen weitgehend ausgegrenzt. Die Zweiteilung der Welt, in der Frauen für Sprachen, Soziales und Ästhetisches als geeignet und besonders aufgeschlossen gelten und Männer als die technisch, mathematisch und naturwissenschaftlich Interessierten (und Begabten), wird zwar nicht in der Schule erst produziert, dort aber auch nicht aufgebrochen. Fragen nach spezifischen Zugangsweisen von Mädchen zu solchen als „männlich" etikettierten Gegenständen sind noch weitgehend unbeantwortet.
Weder bei der Fächerwahl noch bei der Berufsorientierung wird hinreichend zu untypischen Entscheidungen ermutigt oder gar „Lernen gegen den Strich" provoziert. Solche Unterstützung wäre aber nötig, insbesondere, wenn man die auf der Ebene sozialer In-

teraktionen liegenden Benachteiligungen in Rechnung stellt (vgl. dazu Spender 1985, Hoffmann/Lehrke 1986).

Um Mißverständnissen vorzubeugen: Es soll hier keine „Opfer-Philosophie" entfaltet werden. Es geht nicht darum, die Mädchen als arme, benachteiligte und etwas defizitäre Wesen zu definieren, die im Schonraum auf das Niveau männlicher Normen gehievt werden müssen. Vielmehr geht es gerade darum, diese Maßstäbe nicht ungeschoren zu lassen, sondern in der Tat für beide Geschlechter die jeweiligen Rollenmuster mit ihren Zwängen und Beschränkungen zu überwinden. Eine solche inhaltliche Füllung des pädagogischen Prinzips der Koedukation würde ich mir wünschen - ketzerisch gefragt: Sind wir über die Phase der Koinstruktion überhaupt schon wesentlich hinausgekommen? Also: Die Koedukation nicht abschaffen, sondern endlich wirklich einführen!

Literatur:

Bäumer, Gertrud: Der deutsche Frauenkongreß 1912, Leipzig 1912
Conradt, Sylvia/Heckmann-Janz, Kirsten: ...d, Du heiratest ja doch! 80 Jahre Schulgeschichte von Frauen, Frankfurt/M. 1985
Deutscher Philologenverband: Leitsätze zur Koedukation. In: Die Höhere Schule 6 (1953), S. 115
Dohm, Hedwig: (Erziehung zum Stimmrecht der Frau, Berlin 1910). In: Pfister, Gertrud (Hg.): Zurück zur Mädchenschule, Pfaffenweiler 1988
Enders-Dragässer, U./Fuchs, C. u.a.: Interaktionen und Beziehungsstrukturen in der Schule. Eine Untersuchung an hessischen Schulen im Auftrag des Hiss. Instituts für Bildungsplanung und Schulentwicklung. Frankfurt/Wiesbaden 1988
Frasch, H./Wagner, A.: Auf Jungen achtet man einfach mehr... . In: Brehmer, I. (Hg.): Sexismus in der Schule, Weinheim 1982
Herzer, A.: Gemeinsame Erziehung der Geschlechter in der Volksschule. In: Hamburger Lehrerzeitung Nr. 2/1931, S. 21-28
Heymann, Lida Gustava: Koedukation und pädagogische Reform. In : Pfister, Gertrud (Hg.): Zurück zur Mädchenschule, Pfaffenweiler 1988

Hoffmann, L./Lehrke, I.: Eine Untersuchung über Schülerinteressen an Physik und Technik. In: Zeitschrift für Pädagogik 32 Heft 2/1986

Horstkemper, Marianne: Schule, Geschlecht und Selbstvertrauen. Weinheim und München 1987

Lange, Helene: Lebenserinnerungen. Berlin 1927

Mewaldt von Wedel, Christiane: Die praktischen Vorteile der Koedukation. In: Pfister, Gertrud (Hg.): Zurück zur Mädchenschule, Pfaffenweiler 1988

Oswald, Hans/Krappmann, Lothar/v. Salisch, Maria: Miteinander - Gegeneinander. Eine Beobachtungsstudie über Mädchen und Jungen im Grundschulalter. In: Pfister, Gertrud (Hg.): Zurück zur Mädchenschule, Pfaffenweiler 1988

Ottweiler/O.! Die Volksschule im Nationalsozialismus. Weinheim/Basel 1979

Pfister, Gertrud (Hg.): Zurück zur Mädchenschule, Pfaffenweiler 1988

Rähle-Gerstel, Alice: Die Frau und der Kapitalismus. Eine psychologische Bilanz (1932). Frankfurt/M. 1972

Schenk, Herrad: Geschlechtsrollenwandel und Sexismus. Zur Sozialpsychologie geschlechtsspezifischen Verhaltens. Weinheim 1979

Spender, Dale: Frauen kommen nicht vor. Sexismus im Bildungswesen. Frankfurt/M. 1985

Stoehr, Irene: Von der Not der Mädchenbildung zur Tugend der Koedukation: In: Frauen + Schule. Zeitschrift für Mädchen- und Frauenbildung Heft 9/1985

Lebenslauf

Am 9. April 1848 wird Helene Lange als Tochter einer Oldenburger Kaufmannsfamilie geboren. Sie besucht die Elementarschule von „Tante Wöbcken" und anschließend die Krusesche Mädchenschule, die während ihrer Schulzeit zur höheren Töchterschule erweitert wird.

In Eningen bei Reutlingen absolviert sie das übliche Pensionsjahr einer höheren Tochter im Hause einer Pfarrfamilie, in der sie die Rollenverteilung in einer bürgerlichen Familie zum ersten Mal bewußt erlebt.

Volljährig geworden, geht Helene Lange 1871 mit einer kleinen Erbschaft nach Berlin, legt dort das Lehrerinnenexamen ab und unterrichtet bis 1891 an einer höheren Mädchenschule. Hier entwickelt sich ihr wichtigstes Lebensziel: Die Verbesserung der Mädchenbildung.

Aufsehen erregt die 1887 von ihr verfaßte „Gelbe Broschüre", die Begleitschrift zu einer Petition an das Preußische Kultusministerium. Voll Spott und beißender Kritik greift sie darin die Bildungsziele der höheren Töchterschulen an.

1889 gründet sie die ersten Realkurse für Frauen, in denen auch Latein, Mathematik, Naturwissenschaften und Volkswirtschaft unterrichtet wird. Ein Jahr später ruft sie den allgemeinen Deutschen Lehrerinnenverein ins Leben, um die Fort- und Weiterbildung der Lehrerinnen in die eigenen Hände zu nehmen.

1893 werden die Realkurse in Gymnasialkurse umgewandelt, und 1896 erhalten alle Absolventinnen des ersten Kurses die Hochschulreife zugesprochen. Zum Studium werden die Frauen in Preußen jedoch erst 1908 zugelassen.

Seit 1893 gibt Helene Lange die Monatsschrift „Die Frau" heraus, um den Forderungen der Frauen nach verbesserten Bildungsmög-

Abb. 2:
Helene Lange,
Mädchenbildnis,
nach einem Gemälde von
Wilhelmine Mehrens, 1853

Abb. 3:
Helene Lange,
Fotografie, um 1870

Abb. 4:
Helene Lange,
Fotografie, um 1880

Abb. 5:
Helene Lange,
Fotografie, 1930,
kurz vor ihrem Tode

lichkeiten und nach politischen Rechten ein Sprachrohr zu schaffen. Als eine der führenden Persönlichkeiten der bürgerlichen Frauenbewegung engagiert sich Helene Lange in den folgenden Jahren in den großen Frauenvereinen und -verbänden. Fast zwanzig Jahre, von 1902 bis 1921, leitet sie den Allgemeinen Deutschen Frauenverein und wirkt im Vorstand des Bundes Deutscher Frauenvereine mit. Zusammen mit Gertrud Bäumer gibt sie ein umfangreiches Handbuch der Frauenbewegung heraus, hält Vorträge und veröffentlicht zahlreiche Schriften zur Frauenfrage.

Bei Kriegsausbruch fordert sie in einem Aufruf in der Zeitschrift „Die Frau" von den deutschen Frauen eine Unterstützung des Ersten Weltkrieges.

1916 zieht Helene Lange nach Hamburg und nimmt an der „Sozialen Frauenschule" eine Lehrtätigkeit auf. Sie wird dort 1919 für die Deutsche Demokratische Partei in die Bürgerschaft gewählt.

1920 kehrt sie nach Berlin zurück, wo ein Jahr später ihre „Lebenserinnerungen" erscheinen.

Ihre Heimatstadt Oldenburg ehrt sie mehrfach. 1922 trägt sich Helene Lange in das Goldene Buch der Stadt ein und zu ihrem 80. Geburtstag, 1928, werden ihr die Ehrenbürgerrechte verliehen. Eine Schule und eine Straße erhalten ihren Namen.

Als Anerkennung ihres Schaffens erhält Helene 1923 die Ehrendoktorwürde der Universität Tübingen in „Ehrung ihrer Verdienste als Vorkämpferin für die Eingliederung der Frau in die Volkswirtschaft".

Sie selbst hat den Erfolg ihres Lebenswerkes oft kritisch betrachtet. So schreibt sie 1920: „Mann und Weib sind eben kein zufälliger Witz der Natur; sie sind nicht nur zum körperlichen, sondern auch zum gemeinsamen geistigen Aufbau des menschlichen Geschlechts notwendig. Das Volk, das diese Wahrheit zuerst innerlich erfaßt und in die Tat umsetzt, wird einen neuen Kulturabschnitt einleiten. Die Deutschen werden es voraussichtlich nicht sein . . ."

Am 13. Mai 1930 stirbt Helene Lange in Berlin.

Abb. 6: Geburtshaus der Helene Lange, Oldenburg, Achternstraße 2, Fotografie, um 1900, abgebrochen 1956

Abb. 7: Bronzemedaille des Allgemeinen Deutschen Lehrerinnenvereins auf den Tod von Helene Lange, 1930, Vorderseite

Abb. 8: Bronzemedaille des Allgemeinen Deutschen Lehrerinnenvereins auf den Tod von Helene Lange, 1930, Rückseite

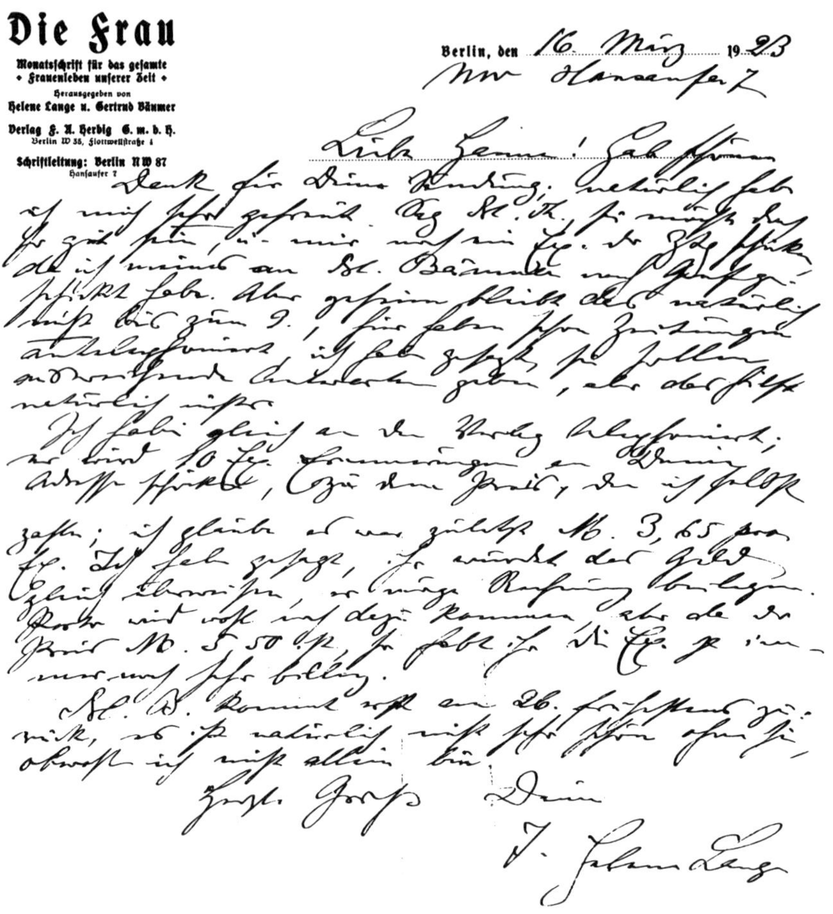

Die Frau

Monatsschrift für das gesamte
• Frauenleben unserer Zeit •

Herausgegeben von
Helene Lange u. Gertrud Bäumer

Verlag F. A. Herbig G. m. b. H.
Berlin W 35, Flottwellstraße 4

Schriftleitung: Berlin NW 87
Hansaufer 7

Berlin, den 16. März 1923
NW Hansaufer 7

Helene Lange

Abb. 9: Brief von Helene Lange, 1923

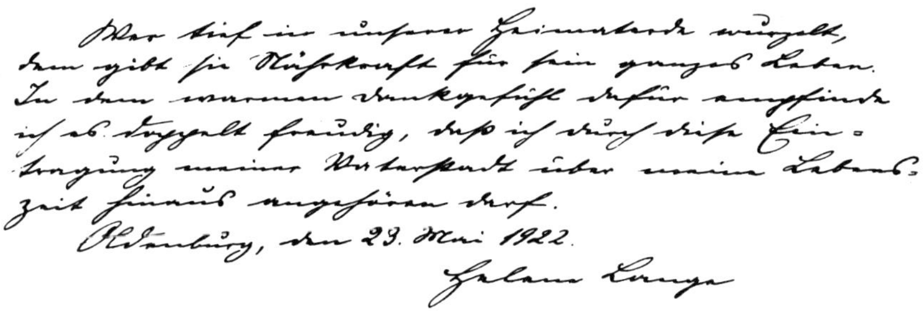

Wer tief in unserer Heimaterde wurzelt,
dem gibt sie Nährkraft für sein ganzes Leben.
In dem warmen Dankgefühl dafür empfinde
ich es doppelt freudig, daß ich durch diese Eintragung meiner Vaterstadt über meine Lebens-
zeit hinaus angehören darf.
Oldenburg, den 23. Mai 1922.
Helene Lange

Eintrag im Goldenen Buch
der Stadt Oldenburg:

"Wer tief in unserer Heimaterde wurzelt,
dem gibt sie Nährkraft für sein ganzes Leben.
In dem warmen Dankgefühl dafür empfinde ich
es doppelt freudig, daß ich durch diese Eintragung meiner Vaterstadt über meine Lebens-
zeit hinaus angehören darf.

Oldenburg, den 23. Mai 1922

Helene Lange"

Abb. 10: Handschriftlicher Eintrag Helene Langes in das Goldene Buch der Stadt Oldenburg, 1922, mit Übertragung in Maschinenschrift

Wissenschaftlerinnen erinnern an das Leben von Helene Lange

Veranstaltung in Oldenburg – Nicht die gleichen Chancen im Berufsleben

Oldenburg. „Die Zukunft ist uns noch alles schuldig", meinte einst hellseherisch Helene Lange. Unter diesem Motto steht jetzt auch eine Veranstaltung zur Würdigung der einzigen Oldenburger Ehrenbürgerin, die am morgigen Freitag sowie am kommenden Sonnabend im Stadtmuseum stattfindet und gemeinsam vom Frauenbüro und der Kulturabteilung der Stadt Oldenburg sowie vom Zentrum für wissenschaftliche Weiterbildung (ZWW) der Uni Oldenburg veranstaltet wird. Wissenschaftlerinnen der Universitäten Konstanz, Bremen und Oldenburg befassen sich einerseits mit Helene Langes Einsatz für die Mädchen- und Frauenbildung, stellen die Frage nach dem Zurück zur Mädchenschule und stellen fest, daß besser ausgebildete Frauen dennoch nicht die gleichen Chancen in der Arbeitswelt haben.

Darüber hinaus liest Elfi Hoppe, Schauspielerin am Oldenburgischen Staatstheater, aus den Werken Helene Langes.

Die Veranstaltung findet nicht aus Anlaß eines Jubiläums statt. Helene Lange war in Oldenburg fast schon in Vergessenheit geraten, bis der Kulturausschuß anregte, diese Frau und ihre für damalige Zeiten ungewöhnlichen Verdienste um Mädchen- und Frauenbildung zu würdigen. So wird keine Gedenktafel oder gar ein Denkmal eingeweiht, sondern lediglich ihr Gedankengut „die Frauenfrage ist eine Bildungsfrage" populärer gemacht.

Am 9. April 1848 wurde Helene Lange in der Oldenburger Achternstraße geboren. Eine Gedenktafel erinnerte bis zum Abbruch ihres Geburtshauses, das einem Kaufhausbau weichen mußte, an die Kaufmannstochter. Mit sieben Jahren verliert sie ihre Mutter, als sie 16 ist, stirbt ihr Vater. Ihren Wunsch, Lehrerin zu werden, muß sie vorläufig aufgeben. Ihr Vormund schickt sie nach dem Besuch der Höheren Töchterschule in ein württembergisches Pfarrhaus, wo die Rollenverteilung nicht typischer sein könnte. Erst als sie volljährig wird, kann sie ihr eigentliches Berufsziel anstreben. Sie geht nach Berlin und macht 1871 das Lehrerinnenexamen und unterrichtet bis 1891 an einer Mädchenschule und bricht mit dem bis dahin üblichen Prinzip: „Man lernte nicht übermäßig. Der Verstand wurde so weit geschont, daß man ihn hinterher noch hat." Für solche und ähnliche humorvolle und witzige Art war Helene Lange bekannt.

In der Zwischenzeit erscheint die „Gelbe Broschüre", in der sie die Bildungszeile der „Höheren Töchterschulen" scharf kritisiert. Hauptziel ihrer Bildungsinhalte sei, daß „der deutsche Mann nicht durch geistige Kurzsichtigkeit und Engherzigkeit seiner Frau am häuslichen Herde gelangweilt werde".

Kein Wunder, daß ihre Ausführungen in der „Gelben Broschüre" Aufsehen erregten. Unter anderem auch beim Preußischen Kultusminister. Ihre Forderung nach gleichen Bildungschancen für Frauen und Männer war revolutionär, zumal Frauen in Preußen erst 1908 eine Universität besuchen durften. Wollten sie dennoch studieren, mußten sie ins Ausland gehen. Helene Lange fordert aber auch mehr Lehrerinnen einzustellen und verlangte, die Leitung von Mädchenschulen mit Frauen zu besetzen, wovon die deutschen Oberlehrer nicht begeistert waren, fürchteten sie doch schon damals die weibliche Konkurrenz.

Helene Lange, die Oldenburgs Kleinstadtleben als Ödland beschrieben hat und deren sehr intensive Kontakte insbesondere zu der Ratsfrau Willa Thorade pflegte, richtet in Berlin Real- und Gymnasialkurse für Mädchen und Frauen ein und wird 1893 in den Vorstand des Allgemeinen Deutschen Frauenvereins (ADF) gewählt. Schließlich gibt sie streitet für politische Gleichberechtigung von Frauen. Sie hält Vorträge, veröffentlicht ein Handbuch zur Frauenbewegung und geht 1916 nach Hamburg, um dort als Lehrerin tätig zu sein. Dort wird sie drei Jahre später als Vertreterin der Deutschen Demokratischen Partei in die Hamburger Bürgerschaft gewählt.

1921 veröffentlicht sie ihre „Lebenserinnerungen" und wird 1928 anläßlich ihres 80. Geburtstages Ehrenbürgerin von Oldenburg. Am 13. Mai 1930 stirbt sie in Berlin.

Heute erinnert in Oldenburg nur noch eine Straße an diese Frau mit ihrem untypischen Leben. Ein im Stadtmuseum eingerichteter Helene Lange-Raum mit letzten Erinnerungsstücken an sie mußte aus Platzgründen verschwinden, und ihre Werke sind über alle Museen und Bibliotheken in der Stadt verstreut. In Berlin, dort wo Helene Lange ihren gewünschten Legensweg gehen konnte, gibt es das „Helene Lange-Archiv". Bleibt für die Oldenburger Veranstalterinnen nur zu hoffen, daß möglichst viele Bürgerinnen und Bürger am kommenden Freitag und Samstag die Vorträge besuchen und sich mit Oldenburgs einziger Ehrenbürgerin intensiv auseinandersetzen. Schließlich „ist uns die Zukunft noch alles schuldig".

NWZ, 6. 4. 1991

Veranstaltungsreihe würdigt Ehrenbürgerin Helene Lange

Die Oldenburgerin aus der Achternstraße 2

Von **Horst Daniel**

Oldenburg. Stadt und Universität würdigen mit Veranstaltungen, auf die noch näher hingewiesen wird, am Freitag und Sonnabend, 12. und 13. April, Oldenburgs Ehrenbürgerin Helene Lange (1848 – 1930). Mit Vorträgen und Lesungen im Stadtmuseum soll daran erinnert werden, wie sich die Kaufmannstochter aus der Achternstraße für Mädchen- und Frauenbildung einsetzte, wie sie mutig gegen das traditionelle Rollenverständnis stritt und welche Wirkungen ihr Engagement hatte. Helene Lange war zu ihrer Zeit die zentrale Figur der deutschen Frauenbewegung. „Dem Reich der Freiheit werb' ich Bürgerinnen", so formulierte sie selbst das Motto ihres Lebenswerkes vor dem Hintergrund tiefgreifender politischer und gesellschaftlicher Veränderungen.

Helene Lange wurde am 9. April 1848 im Haus Achternstraße 2 (heute Woolworth) geboren. Sie ist erst sieben Jahre alt, als die Mutter stirbt, erst 16, als sie auch noch den Vater verliert. Von ihrem Wunsch, Lehrerin zu werden, hält der Vormund nichts. Er schickt sie nach dem Besuch der Höheren Töchterschule statt dessen für ein „praktisches Jahr" in ein württembergisches Pfarrhaus, wo sie die Rollenverteilung der

bürgerlichen Familie kraß vor Augen hat. Volljährig geworden, geht sie mit einer kleinen Erbschaft nach Berlin, macht das Lehrerin-Examen und schließt sich einer kleinen Protestbewegung an, die der Frau mehr Anerkennung, mehr Möglichkeiten und mehr Rechte erstreiten will. Ihre Begleitschrift zur „gelben Broschüre", einer Frauenpetition an den Preußischen Kultusminister, erregt 1887 erhebliches Aufsehen; die Oldenburgerin stellt darin ungeschminkt dar, wie schlecht es nicht nur um die Bildungschancen der Frauen bestellt ist. Noch ist der Zugang zu Universitäten strittig, das Frauenwahlrecht und damit politische Gleichberechtigung nicht durchgesetzt.

In Berlin richtet Helene Lange Real- und Gymnasialkurse für Frauen und Mädchen ein, sie ist Mitbegründerin des Allgemeinen Deutschen Lehrerinnen-Vereins, sie gründet die Zeitschrift „Die Frau", bringt zusammen mit Gertrud Bäumer ein umfangreiches Handbuch der Frauenbewegung heraus, sie hält Vorträge, schreibt viel. 1916 nimmt sie in Hamburg eine Lehrtätigkeit auf und wird dort 1919 für die Deutsche Demokratische Partei in die Bürgerschaft gewählt. 1920 kehrt sie nach Berlin zurück, wo am 13. Mai 1930 ihr Leben zu Ende geht.

Die Heimatstadt, zu der sie vor allem über die Ratsfrau Willa Thorade Kontakt hält, ehrt sie mehrfach. Zur Eintragung ins Goldene Buch 1922 schreibt sie in einem Brief aus Oldenburg: „Die Stadt hat beschlossen, daß ich mich in das Goldene Buch eintrage, in dem bis jetzt einzig Hindenburg steht. Wie schön es hier ist in all dem herrlichen Grün und dem Blütenmeer, das sehe ich erst jetzt." Zu ihrem 80. Geburtstag, 1928, werden ihr die Ehrenbürgerrechte verliehen und eine Straße erhalten ihren Namen. Auch sonst findet ihr Lebenswerk Anerkennung, beispielsweise 1923 im Doktorgrad der Staatswissenschaften von der Universität Tübingen „in Ehrung ihrer Verdienste als Vorkämpferin für die Eingliederung der Frau in die Volkswirtschaft". Helene Lange ist dieses Echo aus einer konservativen Hochschule eine Genugtuung: „Mich hätte nichts mehr freuen können als diese Begründung, und ich wäre von keiner Universität lieber Ehrendoktor als von Tübingen."

Die Veranstaltungsreihe in der kommenden Woche ist mit einem Zitat der berühmten Oldenburgerin überschrieben: „Die Zukunft ist uns noch alles schuldig." Es ist ein Hinweis darauf, daß Helene Lange auch heute noch Grund hätte, für ihre Sache zu streiten.

93

EINLADUNG

Zu den Veranstaltungen zur Ehrung Helene Langes
sind Sie und Ihre Freunde herzlich eingeladen.

Zur Eröffnung am Freitag, den 12. April, um 15 Uhr
sprechen

Dr. Ekkehard Seeber,
Kulturdezernent der Stadt Oldenburg

Ina Grieb,
Leiterin des Zentrums für wissenschaftliche
Weiterbildung der Universität Oldenburg

Abdruck der Einladung zu den Vorträgen

PROGRAMM

Freitag, 12. 4. 15.30 Uhr	Prof. Dr. Margret Kraul, Universität Konstanz Das Leiden an Wißbegier und Wissen - Helene Lange und ihr Einsatz für die Mädchen- und Frauenbildung
17.00 Uhr	„Die Zukunft ist uns noch alles schuldig" Elfi Hoppe, Staatstheater Oldenburg, liest aus den Werken Helene Langes
Samstag, 13. 4. 10.00 Uhr	Dr. Ursula Rabe-Kleberg, Universität Bremen Besser gebildet und doch nicht gleich - Frauen und Bildung in der Arbeitsgesellschaft
11.30 Uhr	Dr. Marianne Horstkemper, Universität Oldenburg Zurück zur Mädchenschule? - Die bildungspolitische Diskussion um Licht und Schatten der Koedukation

EINTRITT FREI